自救

电视媒体的生存突围

李志华 ————— 著

C'S K 湖南科学技术出版社 · 长沙

媒体 MCN（多频道网络）化的"芒果"样本

　　志华兄嘱我为他们的新书作序，把我的思绪拽回到 5 年前。2019 年 11 月在中国电视大会上我提出过中国电视的"新四化"趋势，其中一项即是"MCN 化"。我始终认为 MCN 是广电媒体融合发展的一个重要选项。在过去的这几年里，MCN 这个话题，对于中国广电人来说，既不觉得新鲜，又难以让人兴奋。它看似容易上手，但却很不容易做出成就；起步做的时候很不起眼，短时间内看不到亮眼的效益，推进中更是要触碰体制机制，好像有些得不偿失。市场化的商业公司做 MCN 业务风生水起，但却一直没有成为广电媒体融合发展的主打方向，也一直没有成为广电媒体领导人重视的主攻阵地。5 年过去了，芒果 MCN 无疑已经成为中国广电媒体进行 MCN 探索的代表性样本，李

MCN

MCN 是 Multi-Channel Network 的简称，指多频道网络，是帮助内容创作者管理和发展的组织机构，为网红和自媒体提供内容策划制作、宣传推广、粉丝管理、签约代理等各类服务。

志华和芒果 MCN 团队以创业者的状态摸爬滚打，闯出了一条"自救之道"，他们将自己的"甘苦心得"集结成书，书中呈现的思考、探索既是行业发展的注脚，也是可贵的思想财富，实乃可喜可贺之事！

其实在我看来，广电 MCN 是一个不需要深想的业务选择。过去这几年，在传播视频化以及短视频快速发展的汹涌热潮下，传统媒体越来越走向"账号化生存"，广电 MCN 也开始星火燎原，媒体的组织架构和用户界面都在发生重大变化：以往的架构是，"电视台"之下有"频道"，频道之下有"栏目"和"节目"；现在，短视频平台方开始扮演类似电视台的角色，频道演化为 MCN，而栏目和节目开始做账号。前几年我实地调研了当时几家广电 MCN 的先行者，包括志华兄所在的芒果 MCN 的前身湖南娱乐频道 MCN、浙江广电旗下的布噜文化 MCN、长沙广电旗下的中广天择 MCN、南京广电旗下的奇迹畅娱 MCN 等。我当时服务的央视市场研究公司（CVSC-TNS RESEAPCH，简称 CTR）还专门主办了"MCN 探索与演进"主题研讨会，邀请山东、黑龙江、江苏、内蒙古等广电机构的 MCN 负责人，快手、字节跳动等短视频平台方的代表，以及无忧传媒、贝壳等一些商业 MCN 机构一起探讨 MCN 的发展前景。我发现很多媒体领导人心中都有一个"平台梦"，一些媒体大厂往往不甘于做 MCN。其实，绝大部分媒体只能做 CP 方，即内容提供商，只有为数不多的媒体可以成为平台。就像现实的人类社会中，绝大多数人都只是一个 ID，只有极少人能成为 IP。对于地面频道、城市广电等大多数广电媒体而言，在当下充分竞争、复杂多变的媒介环境下，MCN 业务无疑是一个最丝滑入局、最容易决策的选择。

但同时，如果仅仅把 MCN 看作是一种简单的业务选择，则流于局外人的概念化推演了。李志华曾对此表达过深切的洞察：长视频、短视频看上去是一字之差，其实是两个完全不同的行业。我深以为然。

比如，如何在一个充分竞争的市场拥有一席之地，如何与市场化的 MCN 竞争，如何与 UGC 比拼，如何走通 MCN 的商业模式。中共中央办公厅和国务院办公厅印发的《关于加快推进媒体深度融合发展的意见》中提到"增强主流媒体的市场竞争意识和能力，探索建立'新闻 + 政务服务商务'的运营模式"。相对于市场化的 MCN，机构媒体其实在资源沉淀、内容策划与制作、公信力等领域具有明显的优势，但是电视台的频道、栏目、节目最核心的竞争力不是已经播出的成片节目，也不是存放在音像资料馆里的素材版权，而是凭借受众对主流媒体的信任关系，基于节目底层长期积累沉淀下来的专业资源、政策资源和受众资源。依托这些资源优势，从传播层业务转进服务层业务，打造"新闻 + 政务服务商务"模式，是媒体突破经营困境的关键。电视媒体不要仅仅为播出而生产，而要基于节目底层所沉淀的资源，以及信息加工处理能力、专业新闻生产能力、专业级视频创作能力等多年积累沉淀的内容能力，服务于企业、政府以及社会各类机构。纵览全市场的 MCN 账号，那些时尚、美妆、文旅、生活、美食、健康、母婴、家居等热门领域和赛道，恰恰是地方广电栏目设置中的一些重要类型。互联网大厂经常说可以用数字化的方式把所有传统行业重新做一遍，其实每一个电视台的频道、栏目都可以用服务化的方式重新做一遍。

又比如，对一个频道、栏目的管理体系是否可以沿用到对一个账号的管理体系？广电媒体以往做一个电视栏目，需要做样片，需要经过台编委会审议，上马不容易，下马更难。而现在运营新媒体账号，通常检验周期只有三个月到半年的时间，一个账号不温不火就要被淘汰，要快速试错、快速迭代。在充分竞争的市场里，面对体制机制更加灵活的商业机构，传统媒体不能仅仅用政策资源优势和内容资源优势去竞争，也不能按照原有的行政化管理体系促成从传播层业务到服务层业务的转进，一定要用新体制装新业务，以公司化、市场化运行机制系统性推动才能见成效，而市场化恰恰是 MCN 的重要业态逻辑。从媒体融合的进程来看，广电 MCN 的发展涉及媒介组织形态、体制机制以及媒体业务方向的变革，它以市场化的方式，将传统媒体的主播、栏目、节目等具备 IP 转化可能性的内容资源以账号形式结合在一起，为传统媒体内容的互联网传播提供了体制机制、专业化生产以及商业化变现的保障和动力。芒果 MCN 一路走来的历程，从走出马栏山，主动远离湖南广电大本营，到放弃既定包盘收入，既是主动拥抱市场化的清醒之举，也是对 MCN 业态充分理解的明智之选。

2020 年 10 月我去长沙走访芒果 MCN 时留下了深刻印象，今天，通过本书来透视芒果 MCN 一个个生动而有趣的案例分享、思想火花，更能切身感受到充满韧性的芒果 MCN 团队在如何打破各种现实枷锁和束缚，如何一路试错、一路创新，如何挑战各种不可能……

"行动是最好的宣言，也是星辰大海唯一的入口"，我很喜欢书中的这句话，这让我们看到一群睿智且勇敢的广电人在突破自我的路上，留下坚定、勇往直前的背影。

徐立军

2024 年 1 月

既如初来，又如将去。

意识到自己越来越渺小，生命就会展开的越从容。2019 年夏天，一位投资人朋友介绍我去一家广东佛山的创业公司。微信上拉了群，佛山离长沙也不远，三言两语很快就约了我们去登门拜访的时间。那时候我们刚刚接过自主经营的担子，有预算的客户是我们四处寻找的生意猎物，任何扣扳机的机会都会迫不及待地想要很快变成现实。一大早我们一行三人兴冲冲地就坐上高铁奔赴佛山，顶着夏日南方的酷热在工厂林立中抵达了猎物公司。来之前大概了解到这家公司的老板是一位 90 后的女生，有着好几年的创业历程，父辈好像是佛山本地的生意人，积累了不小的一份家业。我们好奇地打量着传说中的小家电企业，在东张西望的状态下被带进了女老板的办公室，她正在电脑前一边手机语音，一边敲着键盘，没有起身，表情示意我们先去沙发落座。乙方见甲方，我也接受了这种通常认为的弱势身份，只要能谈成生意，并不是特别介意对方接待上的随意，何况跟 90 后打交道越多，越能理解他们对人情世故的态度。过了一会儿，女老板起身走过来坐下来开始寒暄，然后面容就从职场的专注神情切换出年轻人的社交羞涩，她略带抱歉地说，太忙了，都忘了你们是哪里的了。我立马对刚刚不被重视的待遇释然，立刻润了润嗓子，中气十足地自我介绍：我们是湖南卫视的！内心深处得意地等待着这位女生惊喜的反应。是啊！二十年来湖南卫视伴随着多少人成长，他们的青春岁月都镌刻了多少湖南卫视的记忆符号！出门在外，只要我们报出湖南卫视的名号，接下来就一定是宾主皆欢满是共同话题的热情局面。

这一次，她很平淡地问：湖南卫视是干什么的？

自以为放下媒体的身份，能求得一份实利的馈赠，这样的想法特别天真。那天的拜访打碎了我过去一直引以为豪的职业荣誉感。我第一次意识到，世界参差多元，有着各自并行的空间，我们电视人活在自以为是的茧房里，时代已经奔涌向前，旧时期再伟大的物种都要顺应被需要的逻辑。我开始检视过去，一段在旧与新之间反复横跳的心理实验从那时起一直贯穿到了今天。

坦率地说，大众传播时代走过来的媒体人，很难说潜意识里没有自大的因子，信息获取的优先级，话语表达的特许权，单位地位的优越感，都在一定程度上塑造了虚妄的自我感知。

然而这种感知优势已被信息技术的革命彻底摧毁，新的传播结构既扁平又多维，人人都可以通过短视频和直播表达，而个性化分发技术又让人人都有了自己的观众，传统媒体曾经一呼百应的神奇力量似乎一夜之间转赠给了千千万万的大 V、主播和达人。

表面上看似乎是新技术迁移了用户，带走了客户，扼杀了存量维持的希望，然而只要我们观察得足够持续且深入，就会发现新技术开发的驱动力从来都没有离开原始的人性欲望，要么解决"无能"的问题，要么解决"无聊"的问题。回到传统的媒体视角，信息平权显然是人性驱动技术发展规律之下的必然结果，正是这一新时代的潜流趋势营造了媒体人何去何从的基本困境。

过去十年，我都在端起与放下的纠结中挣扎。我来自于父辈从农村走出来的小城镇普通家庭，这样的出身以及成长环境，在大时代的重要时刻做选择，注定得不到任何高维层面的信息加持，我的人生模式与大多数普通人一样，必然是随大流的常规默认设置！平平安安终老于一个好职业好单位，这是父母的朴素期望，也是我自己从小就被灌输也欣然接受的童话故事。20世纪末的省级电视台，毫无疑问对于小镇出身的人们来说值得这份期待。我热爱而纵情于视频世界的专业技能，一度享受时代变革的媒体红利，获得了旁人眼羡的职业荣光。但这个过程没有精心选择的成分，而是自身条件在时代风向下的顺势而为。只不过童话故事的时限最终没有覆盖我们个体生命的旅程，变化之流仍然浩浩荡荡，将我们以为可以依赖一生的电视职业逼上了绝境。70后这代电视人习惯了被安排，即便是个体已完全认知到大势不妙，仍然会将改变的期望放在组织机构层面，我也不例外。

一方面传播格局日新月异，一方面传统媒体又普遍体现为思想上的个体焦虑和行动上的组织沉默。一直以来，媒体机构都把善于发现和报道新兴事物作为参与专业竞赛的核心能力，但整体上却对自身的穷途末路显得麻痹大意，以致衰落气息从旧的终章弥漫到了新的序幕。究其原因大概除了革自己的命难度系数排名千古第一之外，恐怕也和傲慢与偏见的自大因子密切相关。

真正的改变是从2018年我担任湖南娱乐频道总监开始。当个体焦虑和组织行动合二为一的时候，我可以不再等待上级的媒体融合集结号和前辈们指出路标，而是绝决地带领团队走向了电视人转型的道路。

道阻且长。过去四年来，经历中间三年疫情，我们从产品到变现，从商业模式到运营模型，从数字化管理到组织架构设置，所有的思考实践的过程，都通过"芒果MCN"这个机构品牌得到了充分阐释。实事求是地说，芒果MCN并不是市场上最头部的同类公司，也没有产出声名显赫的大网红和明星达人，但芒果MCN的价值恐怕在于跑出了一条基于电视的媒体MCN模式，可以给中国2000多个电视频道的同行带来一些如何躬身入局的启示，这是之于我们这代电视人仍然抱有希望热烈生活的意义。我非常清楚，芒果MCN有它的局限性，以及这个阶段天花板不高的原因。但它的成就有多高并不重要，重要的是我们做的事情被我们相谈甚欢的自己人看见，被那些在不同地域不同环境下相同的那个"我们"所接受。

　　因此，尽管这本书会从工作的各种不同的维度介绍一些实操的经验，比如如何做号，如何签约等，也有针对广电国企属性，与监管体系相适应的一些探索路径，但总体上这本书不是一本成功学宝典，因为我从来不认为别人的成功可以复制到自己身上。同样这本书也不会是一个实战案例手册，因为平台生态还在演进，过去的成功技巧今天基本上失效。我希望这本书是在解决问题的描述下，更多还原我们为什么这么想，又为什么这么做。除了技术层面的反馈，那个曾经自大的媒体人在与实践对视中又有了怎么样的灵魂体验？

　　生命就是一段信息。这个时代最好之处在于少数群体甚至单一个体，都能够借助伟大的信息技术融通彼此，为平淡无奇却与自身息息相关的生命历程提供互为关切和鼓励的机会。若能如此，心满意足！

contents
目录

Chapter 3　上了路，MCN 就是 ing

本章细解芒果 MCN 的机构演变，其中的赛道选择
得失，达人故事，与人及机构交流分享中的所获
所悟，分享探索过程中思考心得

Chapter 4　电视转战新媒体主场的 N 种方式

本章为共同面临转型难题的地面频道分析探讨可能的机会和路线设计

Chapter 5　媒体 MCN 的破局之路

本章输出媒体 MCN 的定义，及芒果 MCN 的战略布局

Chapter 6　芒果 MCN 发展的媒体逻辑和商业模式

本章硬核干货,细解媒体 MCN 的媒体逻辑及商业
模式

Chapter 7　要持续赚钱?首先要搞清产品逻辑

本章从商业化视角分析媒体 MCN 的产品逻辑,并
分享商业化途径及策略

Chapter 10　运营 TIPS，尽是干货，快收藏

本章为运营技巧方法论，纯私房干货分享

Chapter 1

谁来
拯救
电视频道

对于我们大多数普通人来说，时代只是背景，并非舞台。

这是一本带有典型行业属性的经验之书。它从存世而式微的电视行业出发，撞向长乐未央的短视频世界，是我和团队探索媒体 MCN 这五年来的甘苦心得。

　　身为 70 后电视人，我的职业经历依仗湖南广电的大厂荣光而充盈饱满。从最初的体育记者，到参与创建天娱传媒，运营《超级女声》《快乐男声》《星姐选举》等现象级节目，再到具体操刀"湖南娱乐频道"这样的媒体产品，经受了"收视率是万恶之源"的竞争煎熬，坦率地说，在 2010 年之前，作为电视人，沉浸在马栏山上，天天都是幸福的模样。

　　或许是性格的原因，我是长周期的悲观主义者和短周期的乐观行动派。2010 年前后，优酷、土豆等视频网站迅速崛起，我开始怀疑电视行业会不会在我有生之年行将消失？去互联网公司走访一圈之后，我还是对电视业充满信心，不是质疑媒介渠道的技术性更替，而是笃信电视台人才的专业力量，并专门呈上了《电视也是新媒体》的考察报告，发出因时而变的改革呼吁。不过当时湖南卫视蒸蒸日上，一个地面电视频道副总监关于"末日危机"的声音并不会在内部引起多大反响。

2014 年我决心自己下场去和互联网发生点关系，这一想法得到了领导们的坚定支持。之后几年，我就在大众创业、万众创新的浪潮中辗转起伏，从打造硬件产品，到组织软件开发，伴随新机会新赛道的追逐，不断暴露出自己对互联网经济的浅显认知，以及对市场理解的幼稚可笑。

这段奇妙的学习旅程因为 2017 年芒果超媒的重组而终止。因为相关资源整合和人事调整，组织上任命我为湖南娱乐频道总监。这个时候，电视尤其是地面频道的光芒已经黯淡，收视挤压、营收下滑、产能落后、制度保障缺失，一系列表面危机集中爆发，许许多多的地面频道不乏动作，一方面大刀阔斧改良节目、优选人才，另一方面成立联盟扩大集约化经营。外面转了一圈回来的我此时此刻无比清醒，老办法解决不了新问题，电视的未来不会在电视行业的经验里，浅表的优化已经阻挡不了时代的选择，地面频道已经到了生死存亡的边缘，必须来一场脱胎换骨、伐毛换髓的彻底拯救。

为什么要拯救？

为什么要拯救？一切早有迹象。

早在 2013 年，中央就高瞻远瞩地提出了媒体融合的要求。纸媒的动作比较大，广电系统还在网络电视台、IPTV（网络电视）这些形态上做增量概念，只有湖南广电从中看到了坚定转型的政策利好，迅速出台做大芒果 TV 的战略决策，在湖南卫视如日中天的时候果断启动了战场转移。

然而，湖南广电新的整体战略事实上并不包含对地面频道转型的顶层设计，某种意义上来说由于全国市场的成功，地面频道的自身价值以及改革能带来的收益已不在决策层的重点视野之中。回首当年，也听到过有类似这样的解释：地面频道没有前途，但是我们判断依赖牌照资源应该还可以活上十几年，没想到形势恶化这么快。

理性上来讲，这样的决断符合资源配置的基本原则。只不过，作为地面频道的一员，情感上接受不了作为"弃子"的角色，但在残酷的未来考验面前，你不得不面对必须自行定义、夺路而逃的命运。

事态发展越来越趋向于地面频道的"关停并转"。

2020年，中共中央办公厅和国家广播电视总局先后下发了关于推进媒体深度融合发展的文件。仔细研读一下内容，就会发现在国家布局里仍然没有地面频道的位置，县级融合媒体中心有了制度安排，省级电视台层面也有了任务要求，而对于地面频道，中国当前数量最多的播出机构，基本上没有特定的描述。与此同时，总局还出台了一个关于频道管理的配套文件，对如何关停频道做了政策性准备。"关停

未来不需要现在电视台这样的媒介形态。

自救：电视媒体的生存突围

并转"的意思是对频道开展关停、合并、转让等一系列调整优化，往往呈现为结构性、组织性的战略调整，最终诉求是必要性地缩减频道数量及规模，以达到推动频道精简精办的目的。

关停并转，已经成为大多数地面频道在政策上面设定的必然结局，至少在媒体产品层面是这样的，就像大部分报社纷纷关门一样。

这样的结局并不意外，政策的指向是由经济社会发展趋势推动的，背后是信息技术应用的基本逻辑，地面频道扩张是电视发展黄金期的历史选择，已不适应今天的媒介环境。对此，我观点鲜明：**未来不需要现在电视台这样的媒介形态。**

所以拯救地面频道其实是一个伪命题，发展不需要，也无必要。然而，当个人被赋予责任，需要面对一个频道里面具体一帮人未来的活路时，就不得不把"拯救"扛在肩上，比如我。

谁来拯救？

地面频道的消亡进入倒计时，拯救的要义不在于"频道"这个产品，而在于频道里的团队能否顺利跨越行业周期，真正在新旧媒体交替过程中成功转形。由于这样的迭变是团队化的、集体式的，因此核心问题就是要在互联网媒介环境中找到机构化的生存模式。

那么谁来拯救地面频道？

中央关于媒体融合深度发展的意见指向性强，指导性也强，但它不是操作指南，需要各地自己从实践中拿主意和想办法。地面频道上面都有总台，从过去的习惯性操作模式来看，总台会成立一个专门的机构，然后出台一个全台性的媒体融合方案。但这样的行政方式推动变革单元能适应一日三变的市场竞争吗？

这些年跑市场，我经常会碰到从电视台出来的原同行。他们的故事大部分相似，原来在台里时曾经参与和负责了一些互联网新媒体的项目，后来由于管理决策问题而出走江湖，在市场里摸爬滚打成长为新业态的主角。对于互联网，对于新业态，传统媒体其实很早就在接触和尝试，或多或少都做了，但往往都是蜻蜓点水，见势不好就迅速收手，最终又回头懊恼不已。我一直在琢磨导致这种普遍现象的根本原因是什么，恐怕根本原因不在于内部缺乏变革的共识，而在于缺乏勇气，缺乏为进一步发展牺牲既得利益的勇气！

站在地面频道的个体立场，对于所谓宏大叙事来诉诸改革的管理逻辑我向来心生畏惧：一怕经验主义，把媒体融合变成新一轮内部资源的整合和利益格局的再分配；二怕理想主义，忽视了媒体融合本质上是一个实践创新的过程，忽略了基层组织员工的创造性和主观能动性。

往深了说，我更担心领导们，那些曾经叱咤风云的媒体精英！如今的日常工作已远离理

但这样的行政方式推动变革单元能适应一日三变的市场竞争吗？

自救：电视媒体的生存突围

解真相的信息环境，他们还能不能躬身入局，准确捕捉市场机遇，在新的理论维度上正确引领新时代的发展？另外那些长年泡在二手信息当中的职能部门，其实也很难期待他们尊重市场规律支持创新实践，尽管场面上他们一直站在改革的一边。

这样的担心源于我曾经深入过互联网创业圈层，打交道越多，越是体会到两个体系在底层逻辑和话语模式之间的巨大差异。穿越两种不同思维认知的时空，我常常为此痛苦不堪，旧时代的语言其实很难描述新世界的景象。从市场视角而言，广电仍然遗世独立于新的媒体世界，所谈论的新媒体具有强烈的广电特色，可以叫"广电式新媒体"，而这个"广电式新媒体"，一千个广电人，或许又会有一千个不同的说法。

道路千万条，条条带框框。**本质上，我们谈论地面频道的拯救其实就是谈论这个单位、这个团队自身的存活问题。党媒国企的属性，可以相信领导和上级组织会在必要时给予援手，但归根结底，从媒体职业尊严而言，自我拯救才是时不我待的唯一方式！**

怎么救？

过去广电行业的媒体融合普遍存在概念太大、期待太高、规划太远的现象，穿透媒体变化本质来做现实选择的少之又少，导致今天还在做着已经过去的事情，这样的情况比比皆是。譬如，坚持"以我为主"的策略本来是秉承实事求是的精神，却常常会因为认知偏差而演变成推出一大批"我要做"而非"用户要"的客户端产品。十年来口号常喊常新，却不断错失一些历史性的机遇。我们现在来谈拯救地面频道，已经不是在谈发展壮大，而是现实的养活人员问题。

怎么救是方法论，也是目标实现路径。离开舒适区当然千难万难，但如果没有别的政策性安排，我觉得只要下定决心，相信自己，办法总比困难多。地面频道的自我拯救，据我理解大致可以划分为三个维度。

一个是频道运营的层面，大部分频道现阶段仍然还在播出，怎么办？我们当然不需要想办法救活它，而是要用好它，在它行将结束产品周期的时候，发挥品牌、资源等要素的最大价值，为我们转战新媒体赋能和加持。当前频道运营的关键点在于控制成本、优化经营效益。简单来讲，电视频道这一块的运营要测算出最少的维持成本，这个账必须算清楚，因为这是从经济层面确定何时关停电视业务的基本依据。那么多余的人力和资源就要尽早面向市场。

第二个维度是组织单位层面，本质上是组织机构作为一个市场主体的存在模式，原来的根据地没了，但组织单位还在，就可以再建根据地。全球很多老牌公司，无疑都要跨越行业的历史周期，在不同阶段找到自己的第二增长曲线。我们是在国有媒体视角，觉得转变主营

拯救地面频道，大致可以划分为三个维度。

自救：电视媒体的生存突围

业务比较难，本质上还是对不确定性的恐惧。如果切换到企业视角，跟随市场变化调整运营模式，这是一个应对竞争必须具备的基本能力。

第三个维度，是人。不要试图唤醒那些装睡的人，这句话很流行，也有一定道理，但是我们所谓"拯救"的核心是以人为本的初衷，不能回避这个根本问题。在一个整体氛围都在积极变化的环境里，人其实永远是最好的变量。所以，我们要相信自己的员工，依赖自己的员工，共渡难关，共克时艰，主要是找到"共"在哪里。我曾经跟一位领导说过，我说我担心电视台不担心电视人，为什么？现在的信息时代，内容能力越来越成为很多行业的标配，对于有实力的个人而言，其实是迎来了一个更好的泛内容经济时代。

转变的关键还是在于组织主体在新媒体领域里的角色设定。传统媒体转型最痛苦的是什么？是原来的好生意没有了：垄断经营、计划经济的模式等，这些独家资源如今统统失效了。现在要全面参与市场竞争，随之而来，匹配市场的体制机制就要跑步跟上来，对于广电来说，我认为有两道关同时要过，一是市场化运作，二是数字化运行。

短期来看，业务模式选择会决定媒体融合的启动效果；中期来看，内容创制的生产力决定了未来的市场空间；但长期来看，先进的系统才是持续发展的根本保障。

自我拯救，归结到具体怎么办的问题，事实上不会有统一的药方，还是需要根据自己的禀赋、基因、资源，对应市场的业务机会来做自己的赛道选择。湖南娱乐频道是在 2018 年底切入了短视频生态，把自己变形为完全市场化的 MCN 机构。总的来说转型初见成果，经营收入在持续增长，其中新媒体业务从 2018 年的零起步到 2022 年总营收占比约为 85%，实现逐年平均 21% 的增长，2023 年 5 月短视频广告单月营收首次突破千万。那么针对 MCN 这样的新媒体组织形式，我认为大部分地面频道是可以去尝试的。

首先是 MCN 具有媒体经济的主要特征，运营属性离电视更近。互联网世界，没有完全等同于传统媒体形态的替代模式。相对于自建平台，在流量平台上建设账号矩阵，是地面频道比较实际的选择。

其次，MCN 的商业化变现相对多元，商业模式离生意更近。从这几年发展来看，广告营销、公关宣传、内容电商、短剧制作、艺人经

比拼市场上在时间维度上可以持续投入内容建设的 MCN，广电机构无疑具有竞争优势。

纪、娱乐表演和本地服务等，都已经在短视频行业形成了比较成熟的商业化运营模式。

再次，MCN 是一个分散市场，竞争方式离生存更近。目前来说短视频生态，广告有 3500 亿元以上的规模，电商有 5 万亿元以上的规模，娱乐打赏也有千亿元以上，建立在"内容＋"的商业模式选择比较多，有足够大的市场空间容纳更多的市场主体。从几千万元到几亿元，MCN 机构大多就是在这个体量区间，跟地面频道的传统经济格局差不多。

最后，MCN 本质上是围绕内容能力的商业活动，竞争要素离我们基因更近。据最近的一些第三方机构报道，2022 年 MCN 机构数量超 4 万家，市场竞争激烈。不过我们根据多年来的实践观察，有一个基本判断，内容型 MCN 比拼市场上持续稳定的内容输出能力，在时间维度上可以持续投入内容建设的，广电机构无疑具有竞争优势。

视频化的互联网商业生态，为地面频道转移自身原有的技能提供了新的舞台，尽管这个转移需要重新组装和打包。原来我认为广电 MCN 由于体制的原因，速度和灵活性会比不上社会化机构，很有可能是一个伪命题。但现在回到内容比拼，回到媒体属性，回到体制资源，回到生态成熟，回到这些综合维度的考量，我反而对广电 MCN 模式的最后胜利充满信心！

至于不同类型的地面频道怎么选择运营方向，如何搭建账号矩阵，如何变现盈利，我觉得都是技术性问题，在过程中都有解决办法。本书后面部分也会给出这些年我们的实战经验，最重要的是，地面频道的同学们要有自我拯救的决心，不能等、靠、要！

Chapter 2
要有光，自己造

2018 年初，我接手湖南娱乐频道。

从 1998 年以第一批社招生的身份进入它的前身——湖南文体频道的筹备工作开始，我就一直在娱乐频道体系工作，经历了张华立和王鹏两位总监。熟悉湖南广电改革发展历程的自然都知道他们的赫赫声名。

　　华立自不待言，他对于湖南广电的贡献目前言说尚早，单就他创建娱乐频道而言，以《星姐选举》和《超级女声》一举拉抬电视流行文化新的高度，将一个地面频道的运营在体制内做到了极致，并培养和带动了一大批后来纵横中国的综艺娱乐节目制作人。王鹏先后创建天娱传媒和芒果娱乐，尽管娱乐频道作为电视频道产品在他手上着力不多，但毫无疑问他在全面推进公司化的进程中进一步塑造了这支团队的市场基因和创新文化，构建出除电视频道之外，涵盖影视制作、综艺节目、演艺活动、艺人经纪等业务体系。

　　作为第三任，我并非相关领导和同事的理想人选。如果我自己来检讨，当时大概属于有些个性又特别不会向上沟通的类型，表述也硬邦邦的，从领导位置感来说同理心不足。但当年，经过市场洗礼的整个娱乐频道高管层，适逢2015年以来综艺娱乐市场大爆发，见惯了北上广深的名场面，对于一个老死不活的地面频道，有兴趣来挑担子的不说没有，至少积极性不高。

我也一样。沉浸市场这几年，我反而对这个职位的政治属性和进阶路径缺乏敏感，尤其是预判了大部分人对地面频道再无希望的判断。

最终接手后，其实是一个比想象中更为糟糕的局面。因为芒果娱乐公司进入芒果超媒，所有经营性的资产都归属于上市公司，就连频道多年来的节目 IP 和版权都统统划转一空。因岗位设置和个人意愿最后落到频道的 180 多人，岗位结构的人数分布极不合理，大部分是支持岗；平均年龄近 40 岁，80 后员工基本断代，都选择去了上市公司。如果仍然要面对传统电视的业务，这是一个掏空了的躯体，但对于我来说已经无所谓了，改变已经势在必行，旧世界的窟窿不想再投入精力去修补。

上面领导心知肚明，因此给了一个三年保护政策，由天娱广告负责娱乐频道的包盘经营，每年完成 8000 万元收入。说句实话，我没有和娱乐频道里的大部分老人一样觉得就此高枕无忧，显而易见，一个单位指望着另外一个单位来养活自己本身就很荒谬，尤其是这种"包养"还是建立在市场交易的逻辑之上，更加不可持续。

果不其然，天娱广告痛快地执行了三个月的付款之后就开始各种不情不愿。体制内有它的运行之道，此一时彼一时的政策变换向来是正常，娱乐频道屏幕经营不值 8000 万元是客观事实，所以我内心从来就没有真正相信过他们会拿自己的利润来长期贴补我们的美好生活。另外，2018 年省里推进国有文化企业事企一体化改革的声音越来越大，按照上面的规划要求，娱乐频道接下来仍然还得回归公司化运营的机制。如果一个公司都没有自己主体业务的经营权，怎么可能自主发展呢？我理解，包盘政策更像是芒果娱乐打包进上市公司之后的过渡性安置措施，频道怎么持续发展，当时资源拆分的时候没有想明白也没有人去想，操盘的一走了之，责任其实从任命第一天就交给了我。

接下来的走向大概属于一个愿打一个愿挨的剧情了。天娱广告不断做领导和相关管理部门的工作，要甩掉经营娱乐频道的责任，个别老领导知道后非常愤慨，指责天娱广告过河拆桥，而一些老员工则找到我，强烈要求不能放弃包盘政策的权利。我没有心思计较天娱广告的利益选择，我关心的重点不在于它是否继续履约，而是三年下来我们还能不能依靠自己活下去。如果没有生存压力，不经历市场实践，错过变革最重要的机遇期，娱乐频道大概率就要退出历史舞台了。要想站起来，就得有志气自己养活自己，苟活在政策的庇护之下算什么事！

2018 年 12 月，台党委会讨论这个议题的时候，过程并不顺畅，大部分台领导充满不解，个别关心和爱护娱乐频道的领导甚至怀疑我压根不知道一个地面频道的经营每况愈下的事实。我不加解释，欣然接受了天娱广告的提议，这也是最终促成议题通过的基本前提。我清晰记得，当时的吕焕斌台长最后说了一句拍板的话："或许李志华他们会创造奇迹呢？"

没有人相信奇迹。我同意取消天娱广告包盘政策的决定被人举报到纪律检查委员会，罪

要想站起来，就得有志气自己养活自己，苟活在政策的庇护之下算什么事！

自救：电视媒体的生存突围

状是没有经过频道集体决策，一个人卖了老员工的保障。

我没有太去理会这些声音，2018 年整整一年我都没有去顾忌这些乱七八糟的东西。对于我来说，没有什么比探索一条新路子更重要，传统电视领域的所有操作于我而言都是维持性的态度，我为娱乐频道必须的转型默默做着大量准备，孤独而又坚定。

首先我要招新人。事实上湖南卫视的广告经营 2018 年开始下跌，这样的信号令人恐慌，集团的反应是收紧传统媒体领域，不断喊话成本和人员控制。这时候二级单位私自扩张招聘是有政治风险的。我向来认为，国有体系，大局观很重要，但在微观层面一把手要有敢于承担风险的意识，才能享有先行先试的一点创新空间。关于招人，那时候我的说法是"为了养活 180 人，必须要新招 180 人"。这个说法既解释了现有不适人员无法推向社会的无奈，也隐含了发展才是硬道理的基本思路。

其次我要**盘活存量**。2018 年我几乎把所有能动员的人都纳入到市场体系去磨砺，也绞尽脑汁地把能经营的资源都转化成变现产品。这个事情能在一定程度上解决一部分效益，但我知道这样的存量业务做一天少一天，不过对团队来说确实是一个必要的市场激活手段，目的是尽量高强度注入市场信息，将从来没有市场感知的管理系统反复调校，以迎接真正属于未来的市场竞争。

最重要的是新的商业模式在哪儿？如果不是前几年创业办公司的经历，可能我也会陷入媒体平台救亡图存的传统路径，接一些活动和内容制作的项目，生生把一个稳定型的盈利模式转化为波动型的盈利模式。在一个市场变革的新浪潮中，什么样的商业模式，会决定你成为什么类型的企业。我们已经是媒体型经营的公司，就一定要遵循这个逻辑去前端建构相匹配的业务模式和产品服务。

　　　　　　　　　　　　自救：电视媒体的生存突围

对此我有一个大差不差的比喻：就媒体产业链角色而言，开商场最好，开专卖店也不错，再不济也得挤进商场开专柜，毕竟经营可预期。如果变成了流动商贩，经营只能看天吃饭，很难维系内容创新体系的稳定运转。

当年布局了两条线在机会的路上延伸验证。一条线是流量资源再利用的考量，基于电视中老年观众，尝试用微信小程序的产品做社群关系沉淀。主要方式是以《321 广场舞》这个节目作为抓手，延伸到微信视频小程序《321 广场舞》和公众号、微信群。这个短视频小程序受到了中老年用户尤其是广场舞参与群体的关注喜欢，用户规模超过200 万，日活高峰时超过 10 万，线下社群活动延伸到了上海和成都。然而这样的产品，深度考验团队的运营能力，商业化变现模式也脱离了原有的知识储备和资源体系，坚持下来有点吃力。当 2020 年疫情来临线下活动停摆的时候，"321 团队"表达了不愿意再做老年群体产品的意愿。如今复盘当年的情况，如果按照这个方向坚持来做中老年用户的资源沉淀，以我们现在的市场经验来判断其实是可以找到机会突破的。当时我倒没有太过纠结，内心充分理解一群朝气蓬勃的年轻人的职业梦想，何况时尚、潮流、年轻态一直以来也是这个频道的气质和标签，我没有理由要求他们做一件他们不感兴趣的事情，我们放弃了这条产品线，支持团队从头再来。后来在做减法的清单上，我会将团队基因、爱好兴趣列为重要的决策参数。

另外一条线是完全在新平台上的攻城略地。短视频的必火趋势经过了小咖秀、微视等好几波预热，最终在抖音平台上熊熊燃烧。**单从技术层面，建立起内容平台的商业化生态是抖音胜出的根本原因，之前 UGC 内容的投放价值因为精准推送的算法而释放。**2017 年我曾组织过短视频团队尝试过在各种平台做帐号，但商业化的难题一日不解便一日不敢在这个方向上太用力。直到 2018 年秋季，抖音星图上线，标志着账号广告经营的形态开始走向成熟，内容创作机构、平台和品牌客户三方各自安位的商业化链路基本拉通，而短视频帐号矩阵的经营模式以内容为根本，通过广告变现传播价值，完全符合传统媒体的经营特征，也是我心目中较为理想的机构商业模式之选。这个时候我不再犹豫，不管内部理不理解，大举驱动团队入场，在 2018 年末打响了广电媒体 MCN 化的第一枪。

新业态新模式必然会是在边缘地带才好生根发芽，领导关注太多太早，往往弊大于利。

事实上 2018 年我们为转向 MCN 做的最大准备工作是将频道整体从马栏山搬迁到湖南电视台老台。这个地方在德雅路 480 号，距离马栏山广电中心大概五千米，是毗邻长沙烈士公园一个老办公楼加家属楼的院区，院内有一个高高的电视塔，绿树成荫。它是湖南电视的发家福地，《快乐大本营》和《超级女声》等节目 IP 均诞生于此。

但我带领团队进驻德雅路并非想要在旧日痕迹中寻找荣耀密码，而是想要尽快摆脱传统电视业态的思维束缚，营造新媒体的创业氛围。在我看来，马栏山处处行走着成功人士，传统电视的荣光充斥着整个话语体系。我担心兄弟单位那些不经艰辛便举手投足满是大做派的年轻人，在一定程度上会消解我们边缘团队做事创业的奋斗情绪。今年 DS 计划拓展媒体公关业务，我应负责人的请求，从集团新闻口找来了两位有意加盟的年轻人，211、985 名校毕业，硕士研究生，传统媒体科目培训一应齐全，面谈之后我感觉属于素质较高的可造之才，如果放到两年前，这样的人才绝不会走进娱乐频道的大门。然而 DS 负责人面试之后与我的看法完全相左，一句"他们被台里照顾得太好了"便弃之不顾，再也没有寻求从马栏山挖人。或许这个事例一定程度反映了我当年搬迁的理由并非庸人自扰。

　　这几年每每有领导过来老台考察调研娱乐频道，都会半认真半开玩笑地说我躲进小楼自成一统，过自己的舒服日子。我只好打哈哈加以掩饰，不敢明说我其实是怕大集团体系的腐蚀性太强。怎么说吧？

多年以来我始终觉得创新的事情尤其是新业态新模式必然会是在边缘地带才好生根发芽，领导关注太多太早，往往弊大于利。

以拒绝电视的姿态，娱乐频道"自成一统"的自我改造工程随着市场的节奏不断调整变化，丝毫没有受到马栏山大航向的影响。一方面我们体量太小，又不承担新闻宣传职能，在湖南广电的大局上无关紧要；另外一方面也要感谢湖南广电"分灶吃饭"的机制执行多年，确实对下属单位自主创新有着伟大的宽容文化传统。尽管领导们弄不清楚你到底在搞什么，也不一定理解这件事情的前因后果，只要他们判断你在谋事业，做实事，就会毫无保留地给予信任和支持。

娱乐频道搬到老台的诉求让主管后勤保障的冯锦副台长有些犯嘀咕，一方面他半信半疑，不知道我们要那么大的地方干嘛，何况很多广电单位吵着闹着要进入马栏山主楼，我们却反其道而行之；一方面他在支持行动上毫无保留，要求后勤保障部门倒排工期做工作腾退了一直盘踞老台的很多外部老租户和关系户，完整的一栋楼不到半年时间就交到了我们手上。场地无忧，场景充足，促成了我们安心地准备在这块风水宝地上大干一场。

后来有了点东西之后，外出做业务交流时，经常会有客气之音赞赏我打造 MCN 的前瞻性和判断力。说句实话我没觉得这有什么大不了，别人没有看见，所以不敢相信，而我早一只脚踏进了互联网的圈子，市场公司人家活生生的案例就摆在眼前，还需要怎么判断。对我而言，选择 MCN 模式，是因为看见，所以选择相信！

回过头来想，打造 MCN 的所有故事其实在 2018 年都留下了注脚。走出马栏山，主动远离湖南广电大本营，在别人看来不可理解；放弃既定包盘收入，在频道广告下行趋势明显时迎难而上主动接盘，在别人看来也同样不可理喻。但这两大选择包括所有广电同行眼里充满不解的小动作，对我而言都不过是遵从市场规律和创新规律的自然之举。2019 年我们接手经营后的第一年收入就超过了 1 亿，此后新媒体收入比重不断增长，2023 年肯定超过总收入的八成，短视频账号广告的收入也将过亿，真正从商业逻辑上达成了媒体机构从旧到新的转型。领导们基于电视的判断没错，我们没有可能还在过去的维度上创造奇迹。但我们可以改变自己的设定来重写剧本。我从不相信奇迹，但相信光，就像每次晚上走出办公楼大厅的时候，我会习惯性地仰头看，通常都能看到满楼的熠熠光辉，映照老台的夜空，在无声无息中与历史水乳交融。

　　道阻且长，湖南娱乐频道走 MCN 的道路，不过是停留在信息差层面的选择，而真正把选择的事情做正确，解决团队的认知差才是关键一环，也是老同志面对新媒体最大的考验。

Chapter 3
上了路，MCN 就是 ing

今天的样子，取决于昨天的选择。

终局思维被视为战略规划的一种基本武器，但在 2018 年底去推演短视频 MCN 模式的未来，我并没有盲目地被头部达人的高光故事所诱惑，更不相信单一的 MCN 机构可以无限扩张为新的媒体巨头。华立董事长目光如炬，直截了当地下了结论：这个赛道也就是能够养活自己而已。

MCN 是个动词,
而不是名词

有活路就够了。我没有期待把"文章"做得有多大,我也深刻理解娱乐频道的局限性在哪里,于我而言,在自身能力范围内尽量把事情做到最好也算不辱使命。坦白地说,70 后这代人大部分可能心气没那么高,不像 60 后那样坐享了改革开放的全过程红利,一直在成功的路上,从来信心满满,干大事的劲头不因岁月而有分毫消减。我们的幸运在于起步时跟随的正是 60 后的领导和老师,学习了大格局、大视野、大情怀;不幸的是,这样的领导和老师要求都很高,绝不容忍你的胸无大志和小富即安,让你经常沮丧和不安。

由于独自亲身体验了开局宏伟壮丽,结局狼狈不堪的创业历程,看惯了投资人的热血忽悠,也凝视了合作伙伴的冷漠眼神,因此对于任何一个新的机会,我既没有丧失追寻远大目标的勇气,但同时已经非常务实地学会了将终局目标拆解成每一个可以执行的阶段步骤。相比过去，我有足够的耐心和勇气去坚持正确做事的节奏。换句话说，打怪升级的前提，是一个关卡一个关卡地持续存活。尤其是一个国有媒体公司，绝不死亡恐怕是为官一任的底线思维。

这个阶段的湖南娱乐频道，确实没有资格说大话，我们需要先在市场竞争中证明自己。

容易都在策划时，真正的困难从来都比预想的更难。2019年伊始，我们专门成立了 Drama TV 事业部来做 MCN 业务，而且完全以90后年轻人来主导，不限成本，不限人数。一开始以为我们是专业做视频的，至少内容层面会比那些初创的草根团队保有降维打击的优势，结果每天的数据呈现都在狠狠地打脸。显然，长视频和短视频是两个行业，TVC 并不是今天的短视频，我们及时向现实低头，老老实实转向"无耻"的抄学之路。

大张旗鼓做抖音账号三个月之后仍然不得其法，收效甚微，而2019年上半年短视频的热度已经席卷大江南北，红利的窗口期即将关闭。商务团队负责人是从市场挖过来的，越来越不满起号的进度，天天吐槽内容团队的固执、刻板和不懂短视频内容生态。我那时候不太敢和制作人见面，她们的脸上写满了焦虑和悲戚，只要拉着她们随便问一句话，眼泪就会止不住地掉下来。

全频道的希望倾注之下，她们没法不压力山大。有人受不了迟迟没有结果干脆辞职改换门庭，短短一个月后就在隔壁的 MCN 公司做起了百万大号，而且天天高奏凯歌涨粉不停。现在负责 Drama TV 的吴琼当时被刺激得坐立难安，朋友的成功让她产生了自我怀疑，哭诉着问我：我们体制内是不是真的做不好自媒体？对此我既不沮丧，也不担心，底气来自于对一般学习规律的认识，也来自于对团队能力的信任。体制内固然有参与市场竞争的不利因素，但还没有微观影响到这个地步，再说我始终在撑开空间，给到的特殊政策、特许流程，足足可以让她们在这个阶段心无旁骛，她们不过是遇到了学习过程中最难熬的阶段，就差最后一点点破壁顿悟的时间而已。

2019 年 5 月之后局势就渐渐明朗起来，一个个达人账号孵化而出，一条条爆款视频层出不穷，从来没有过的商务洽谈慢慢主动上门。冷启动 MCN 半年后，小伙伴兴奋地告诉我，粉丝总量过亿了，抖音平台为机构配备了专门客服。市场从来就是势利的，一切以价值论待遇。我们从来没有以传统媒体的身份希求平台的特别关注，从机器人客服到群客服，再进阶到专人客服，娱乐频道的年轻人以市场的方式证明了自己。

从零到一，我们抓住了短视频平台用户增长的最后红利期，比较顺当地搭建起第一批达人账号矩阵，有张之助竟然、丸糯本丸、潘大甜、逆转时光酒吧、蒋小姨等。之后和湖南卫视主持人张丹丹的合作，又意外地让我们在母婴亲子领域顺势生长，构建了以主持人妈妈群体为人设的内容矩阵，并逐步延伸到生活家居、户外休闲、运动健康等泛生活赛道，形成了内容特色鲜明、用户特质稳定的短视频传播阵地，推动芒果 MCN 向"生活方式新媒体"的定位全面进发。

账号矩阵成长、更替、淘汰、延伸、扩张，这个过程并没有频道层面的顶层设计和指令，怎样选择完全由一线团队自己决定，我们提供便利环境任其野蛮生长，也顺其自然，顺势而为来做底层逻辑的梳理，协调后续资源的跟进。这样的态度并非盲目放手，本质上是短视频的运营规律与长视频完全不同，更快，更轻，管理链路自然需要越短越好。我个人从一开始到今天，从来就没有对机构内部任何一个账号，任何一条短视频发表过意见，也从不下沉一线去研究短视频内容。这和过去我自身坚持的专业主义风格大相径庭，这样"官僚主义"的弊端当然是对产品变化缺乏敏捷反应，会丧失一些需要重点投入的机会。但我拒绝求全，一个人的精力毕竟有限，而频道并不是一个新公司，不能只抓住核心业务这一点来放大，其他的老团队都需要带动起来探索适合的新业务形态，因此我必须从单线业务中跳出来把握全局，我要挑战的始终是一个二十年的频道如何赓续使命血脉，顺利变身新媒体的任务。

当然，理性的最优解本来就该大胆让年轻人去负责一线的创新工作，不管是投入产出，还是效果积累，长期来看都会是最好的选择。再说我们不是私营企业，并不需要将核心能力和资源攥在老板手上才会放心。

我们把推动数字化运行和数据化运营的过程作为转型新媒体的实现途径。

内容传播矩阵的成功搭建虽然是娱乐频道以 MCN 模式转型新媒体的核心工作，但我没有掉以轻心停留在产品这个层面。我理解媒体融合发展的关键是升级，升级的指向就是要变成互联网媒体公司，那么就必须大胆变革传统的电视媒体运营方式，坚持走先信息化，再数字化，最终智能化的转化过程。

这是坚持长期主义的自我改造之旅。原来的广电行业，也就是有限的局部竞争，行政调控保证大家都有一席之地，而新媒体的竞争是全面战争，没有人会认为你有历史包袱而心生同情，也不会因为你的往日荣光而退让三分。其实越了解我们的竞争对手，我的内心深处会越发感觉一种悲凉，经常会有时代背景错置的无力感油然而生。短视频 MCN 机构的创始人大部分都是 90 后，他们天生会用数据，一开始就会配上内部的 ERP 系统，管理体系自然而然与时代的先进性同步。反观广电行业，信息不对称的格局反而是各部门、各层级刻意要去维护的天大秩序。

在媒体基层管理岗上我待了很多年，涉及节目生产、宣传管理、行政人事、后勤保障，又切换到企业维度体会了全面管理的责任，发现如果不从系统底层信息结构入手，就事论事或就人论事的分析都会流入表面，大部分管理问题都可以归结为信息流通效率的问题，因此我们把推动数字化运行和数据化运营的过程作为转型新媒体的实现途径。

这个工作实际上是系统重构、管理升级的探索过程，需要结合业务调整进行动态跟进，不可能一蹴而就，而且必须由一把手亲自挂帅来推动才能久久为功。我们自己建立了一支前后端技术完备的软件开发团队，从 2019 年坚持不懈地结合业务的发展需求进行数字化设施建设，通过四年反反复复地不断迭代和优化，基本实现了整个公司"两数两运"的目标。目前全公司主营业务可以在自己研发的数字中台"万灿"全程执行，而我们开发并在今年推向市场的短视频制作交易平台"飞黄"，高效配置了内外部的生产力资源。"蜜接"则是内部服务撮合平台，旨在通过供需双方的直接连接来激活内部资产和人力资源的多维利用价值。

数字管理平台的应用过程，是管理理念被业务需求调动更新的过程，也是市场交易模式打破行政调配资源思维惯性的过程。在这个过程中，管理机构的调整设置与数字管理平台的功能虚实相生，互为镜像，走过了由实转数，数成实空的转换过程。从我个人的理解来看，任何传统机构的管理改革，第一反应既不需要换人，也不需要换思想，只要能把管理过程纳入数字化的轨道，很多问题或许便不复存在。

系统打碎再予以数字化重构，让芒果 MCN 在运行效率上不输市场同行，也为新的赛道和业务扩展提供了系统性支持。2023 年我们基于业务场景，推出"众创发"的内容共创产品，将公司数字技术的应用维度从辅助工具提升到了业务产品，深化了业务团队的技术应用意识。

芒果 MCN 从传统媒体而来，既无基因优势也无机制原罪，要真正树立新的市场品牌，必然要穿过千千万万的人心，它不是流量的变色龙，也不是公关的装饰品，更不是领导的开心果。从内容层面来看，MCN 在中国的发展演变为内容型、电商型、演艺型三大机构属性，分别对应了广告、电商、打赏三种主要的商业模式。但从技术层面来看，基于账号的用户互动关系均被赋予广告、电商、打赏的功能，因而带来了一种市场错觉，即以达人 / 主播为主角的 MCN 可以融合多种流量变现业态，忽略了任何细分领域都有的专业壁垒。

拥有头部电商主播的 MCN 是大众艳羡的对象，造就了这个行业虚浮的暴富神话和速效假象，"带货"也被广电同行普遍理解转战短视频的必由之路。2022 年，我们果断从电商赛道撤退，原因在于我们对自身的价值空间有了更为清醒的认识，也对媒体 MCN 的本质特征有了把舵定向的信心，从而坚定聚焦主责主业，不再三心二意，不为别人的机会蠢蠢乱动。

从账号破局，建立短视频业务体系，再到公司底层运行系统的快速跟上，始终坚守主流传播、坚持内容驱动、坚定科学发展，我们打造 MCN 机构的探索之旅起起伏伏，没有人告诉我们每一个阶段该做什么，也不太清楚做了会怎么样，基本上都是秉持大胆尝试，然后逐步论证的原则。这个过程最难的是人的适应以及成长，我的口号是"以人变应万变"。与其说是湖南娱乐频道转型 MCN，不如说是这支古老的电视团队在尝试走出过去，重塑自我。

转变首当其冲的当然是管理团队。我们的班子成员大部分是 70后，没有一个不是电视台的从业经历，都面临着重新认识自己、重新认识短视频的挑战。坦率地说，为保护新兴业务和团队不被电视台习

自救：电视媒体的生存突围

惯性的管理理念和流程影响，我采取了一种初创阶段完全扁平管理的运作模式，并鼓励他们大胆投诉以促进传统管理职能的市场化改造。动员理由很简单：你们对现实管理的不满才是机制流程优化的催化剂。在上压下挤的处境中，我的同事们名义上顶着领导头衔，实质上做着服务生的事情，可想而知他们内心的憋屈。甚至于为了给年轻人让路，尽快形成管理层次，基本上过一段时间就逼我的副手们交出管理权限。崔宇从湖南卫视过来，负责 MCN 的冷启动工作，带队经过最难的一年，就被我逼着把 Drama TV 负责人的位置让给了 90 后的吴琼。

　　我的理由生硬而不容置疑：短视频行业是 90 后的时代，我不愿意把这个岗位的试错成本用到你身上了，你得后退一步，学会更高层次的管理技能。谭双艳前几年一直帮我盘着整个经营大局，从宏观经营政策制订，到业务复盘督导，协调各业务团队的合作，可谓周到细致，井然有序。然而当公司业务全盘 MCN 化，运行基本数字化，管理权责主体化之后，谭双艳几乎退出了日常经营管理，我将她主管的经营管理委员会直接更名为业务创新委员会，除宏观经营规划之外，赋予了推进业务创新的全新职责，理由同样不可辩驳：内容企业增长的核心是创新，而不是管理。

　　此一时彼一时，每一个人都在不同阶段面临接受全新任务的压力。直接拜访市场同行，学习吸收他们的成功经验是我们每年常常要做的信息拉齐动作，从不善变到学会跟着变，再到学会了如何确定自己的变与不变，我们的业务策略不再随风起舞，逐渐有了自己的专业定力。2021 年以来，当我们产品体系逐步完善，主营业务模式基本成熟之后，在我的意识里真正的企业管理就该登堂入室，接受考验了。我们没有随时适配的专业人士，凡事都得自己人顶上去，而我的副手们基本上大学毕业就进入电视行业，大多从事与经营无关的工种，与市场打交道不仅经验欠缺，商业感知还时常夹杂着理想主义的色彩，因此我不得不狠心相逼，绝不给他们任何松懈躲避的理由，幸而大家理解配合，主动学习适应，一直是凝心聚力的干事创业团队。

决定着我们转型能否成功的关键力量是娱乐频道的 90 后，她们能不能快一点从电视人转变为新媒体人至关重要。我常常感叹她们没有赶上电视行业最风光的时期，又错失了年轻人最好的互联网就业机会，好不容易成长为电视专业人才，又发现技能包需要全部更换。不过，吴琼、罗琳倩、周思、张亦晨、姚茜、张佳昕、卢峰、任茜茜等一帮女同学确实不负期待，四年下来吃苦霸蛮，好学深思，妥妥地撑起了公司互联网的天。说句实话，我看到过她们每一个人流泪的面容，也看到了她们会擦干眼泪说"我没事了"，然后若无其事地重回工作状态。几年下来，以女生为绝对主力的中坚力量玉汝于成，毫无疑问是对我们坚持改变的最大奖赏，任何时候我都愿意为她们的表现点赞，说声："湖南女人，诚不欺我也！"

接下来我们还是切换到她们自己的视角，来分享这段在煎熬中成长的心路历程。

从 0 到 1，开启 MCN 转型之路

吴琼

2018 年，湖南娱乐成立了 MCN 机构，成为最早一批入局新媒体平台的地面频道，我有幸在最早期加入了这场转型之役。经过数年的潜心发展，湖南娱乐升级为芒果 MCN，旗下全网开设账号达 1000 多个，涵盖的赛道包括母婴、家居、娱乐、运动、萌宠等，并拥有偶合、湖南娱乐、奇妙星辰、户外主义等多个 MCN 厂牌。看似一帆风顺的发展轨迹，背后从 0 到 1 的过程，却充满了坎坷、迷茫、煎熬，很多复杂的感受只有身在局中的我们，才有切身的体会。

时间回到 2018 年，短视频平台刚刚兴起，电商直播还没有这么火热，但地面频道的下行趋势已经越来越明显，嗅觉敏锐的频道领导开始在内部组织转型。那年我刚回频道，担任一档日播娱乐资讯节目的制片人。而我跟湖南娱乐的缘分，要追溯到 2011 年，通过校招成了一名综艺导演，经历了大

大小小的项目历练。两年后，我们团队研发出新的内容形式，在电视端收视平平，在网上却收获了很大的反响。那时正好赶上自媒体创业的风口，涌现了一批像万合天宜、暴走漫画等为代表的 PGC 优质内容生产商。我们那档节目停播后，团队干脆出去创业，做起了自媒体，内容形式包括图文、PGC 视频栏目等，涉及微博、微信公众号、各大长视频平台，全网积累了超过千万的粉丝量，逐渐发展为行业头部。

这几年的创业经验，让我认识到了新媒体市场的广阔空间，行业的快速发展也孕育培养了大量的优质人才。所以在频道提出转型之际，我毫不犹豫地带领团队投身其中，我清楚地知道，那才是我们未来的方向！

梦想很丰满，现实却很骨感。虽然在自媒体江湖浸淫了五年，但跟微信公众号、优爱腾等平台相比，短视频平台的推荐算法、内容逻辑，却有了很大的不一样。

初期由于缺乏经验，我打算找优秀的同行机构取取经。没多久，朋友便引荐了一家，带我一同前往。那时这家机构已经孵化出了不少百万粉丝体量的账号，商业化收益十分可观，办公场所的墙上挂着头部达人的巨幅海报，电子屏幕上滚动着旗下所有账号的实时数据，粉丝增减、点赞增减，一览无余。我的心态多少有点像刘姥姥进了大观园，满脑子的问题想要求教，接待我的是这家公司的人力资源总监，当我表明来意后，她指引我坐在前台的沙发处，淡淡地说道，"你有什么问题，先跟我聊吧"。虽然我已经感受到了对方的不情愿，但既然来了，还是想学一些经验，便硬着头皮问了几个问题，没想到她的态度十分傲慢，甚至放话说，"我很清楚你们体制内的毛病，你们是不可能转型成功的。如果我们是大海，你们就是一条小河。"

此后的几年，我脑海中不时浮现出这段"江河论"，她的话固然刺耳，但我们的确面临了不少市场公司不曾面临的问题。尽管频道领导已经指明了朝短视频 MCN 转型的方向，可具体怎么做，却完全要从 0 开始。要想事情有突破，得先找齐能干事的人。

当时我带领的团队，一共十个人，一部分是原来台里做传统电视节目的导演，还有一部分是上半年刚校招进来的新人，对于短视频生态，大家都是一知半解，同时还得分出一些精力，兼顾大屏的日播节目。

在人手紧张的局面下，2018 年底频道启动了新一轮的校招，前往北京、广州、成都、重庆的高校，物色有潜力的新媒体人才。但那个年头，短视频还属于新兴行业，尚未进入大部分传媒专业学子的择业范围。我记得在中央戏剧学院，偌大的教室除了我们面试官，就只来了三四个同学，他们并没有很强的就业意向，仅仅是出于好奇来见见我们。在中山大学，也是门可罗雀。反倒是川渝两地的院校，来参加宣讲和面试的同学挤满了教室，后来也筛选出一部分来到湖南娱乐实习。只不过实习期结束后，达到正式员工要求的并不多，所以要想扩充团队，吸纳成熟人才，还得依靠日常的社会招聘。

当时整个频道校招、社招以及日常人事工作的职能，都集中在人力资源部，部门就三四个人，平时都忙于处理各类琐碎事项。加之短视频行业发展还不成熟，究竟需要哪些岗位，岗位的考核要求是什么，这些都没有清晰的标准。而且频道的薪资待遇体系，是根据原来电视台的岗位层级设置的，跟新媒体行业存在一定脱节，但新的体系又很难在短时间内搭建好，导致初期的几个月，只能凭借过去的经验跟主观判断来招聘人才。所以也难免出现业务部门面试后比较满意的人，到了人事谈薪环节，因为不符合过去标准，而流失了。

一方面是原有团队起号进展缓慢，另一方面是市场上的成熟人才迟迟难以引进，我没法再等下去了，索性鼓起勇气敲开了台长办公室的门，开门见山地表明了眼下面临的发展困境。台长问我，那你想怎么办？我说，必须给到新业务部门独立的进人和用人权限，风险我们自己承担！话音刚落，台长便痛快答应了，还鼓励我们多从业务发展角度来提需求，倒逼机制改革。

有了领导的大力支持，我也不再畏首畏尾，全身心投入到新团队的组建中。白天盯内容，晚上刷简历，那段时间上 Boss 直聘比看抖音还频繁，逐渐发掘到了越来越多的短视频人才。他们绝大部分都在其他市场机构有过工作经验，也成功孵化出账号，入职后只要经历短暂的磨合期，便能很快上手。有了新鲜血液的补充，起号的成功率果然有所提升。

不过随着团队成员的个性和能力日渐多样化，如何充分发挥他们的价值，也是我作为一名管理者的必修课。2019 年上半年，我们签约了一名湖南师大的大二女生，名叫潘欣懿（抖音账号"潘大甜"），出生在江浙一带，长相十分甜美可爱，妥妥的元气少女。当时负责她账号的是一名男导演，拍了几条样片后，来找我审片。我看完后，不禁皱起了眉头。这几条片子时长都挺短，第一视角拍摄，画面极其简单，一些桥段的设计，我也不是很理解，总觉得没达到上线的要求。正好临近五一，我便让导演再好好想想，节后重新拍几条看看。没想到休完假上班第一天，导演迫不及待找我，说账号爆了！原来被我驳回后，导演并不甘心，趁着假期把几条视频都发布了，想测试一下流量到底怎么样，结果短短几天涨粉几十万，第二条视频的点赞也突破了80万！我仔细看了看评论区的留言，发现百分之九十以上的用户都是男性，那些我之前无法共情的桥段，他们的反响却分外热烈，那一刻我充分理解了男女两性在内容喜好上的巨大差异。我既庆幸导演能坚持己见，又在深刻反思自身的局限性，短视频时代内容传播千人千面，没有谁是绝对的权威和专业，身为管理者，一定要学会尊重团队成员的想法，给予更大的试错空间，方能百花齐放。

如今我们团队的平均年龄不到25岁，出现了越来越多00后的面孔，他们的自我意识更强，个性更为突出，也为团队带来了更多的可能性。

除了人才的重要性，对于任何一家MCN来说，平台上赛道千千万，到底选择哪些也同样关键。到2020年初，短视频团队的雏形基本搭建起来了，账号也逐渐有了起色，形成了三大矩阵，以"张丹丹的育儿经"为代表的母婴生活赛道，以"湖南娱乐"为代表的娱乐资讯赛道，以"逆转时光酒吧"、"丸糯本丸"为代表的剧情赛道。不过接下来几年，三个赛道的发展历程却不尽相同，有的愈发壮大，有的却逐渐式微。

首先是母婴生活赛道，得益于湖南广电丰富且优质的主持人群体，继张丹丹之后，我们陆续孵化了刘梦娜、王燕、陆立、李玉燕等多位主持人账号，她们风格多样各具特色，颇受各大广告品牌的青睐，时至今日，仍然是机构最重要的赛道之一。

其次是娱乐资讯赛道，它是机构最早涉足的，早在2018年，就开始孵化"湖南娱乐"、"独舌娱乐"等一系列账号，一直以来都是机构的涨粉主力军和爆款制造机。不过在头两年，客户的宣发预算还集中在微博、微信公众号等平台，尽管平台大力扶持娱乐号，却依旧面临叫好不叫座的窘况。那时商务团队一度很嫌弃这些账号，甚至建议我们停止更新，把精力都投入到垂类赛道上去。如果我们是一家纯粹的市场公司，像这样不挣钱的赛道，老早就被砍掉了。但恰恰由于我们媒体单位的身份，这些账号平时还承担了一些主流舆论宣传的功能，因此在领导的坚持下，这个赛道不仅没有终止，反而慢慢地发展壮大，在全网拥有了几千万的粉丝体量。而随着平台影响力日益扩大，越来越多的投放预算开始转移过来，我们机构的娱乐赛道也随之扭亏为盈，净利润也相当可观。如今，这项业务已经衍生出品牌宣发、影视综宣发、艺人营销、文旅营销等多种变现方式，成为机构的另一大主力赛道。

最后说说剧情赛道，由于拍摄制作更为复杂，它在人力物力方面的投入其实是最大的。经过两年多的发展，我们孵化了大大小小几十个账号，全网积累了上千万的粉丝量，后来却不得不忍痛砍掉，每每回忆起来，还是五味杂陈。

2019 年，一批剧情账号横空出世，它们凭借精良的制作、紧凑的剧情，霎时风靡整个抖音，像七舅老爷、灵魂当铺等代表账号，平均点赞都在百万以上。这些账号背后的 MCN 机构，如成都的洋葱视频、青岛的古麦嘉禾，也在业内赫赫有名。我们也趁势而动，孵化了一个剧情账号"逆转时光酒吧"，发布几期后，终于迎来了一条几十万点赞的爆款，算是半只脚迈进了这个赛道。不过要想延续这样的流量跟爆款，却并非易事。剧情账号的核心是故事，然而我们团队却只有一名编剧，创作的可持续性很难得到保障。

没过多久，频道领导们想办法联系上了古麦嘉禾，打算带我们去趟青岛，学习取经。不去不知道，当我们还在为了下一期拍什么故事而发愁时，古麦嘉禾已经沉淀了几百人的成熟团队，分成了十几个组，最大的组有 60 多人，每个组都做出了自己的代表账号，从导演、编剧、摄像到后期，再到演员，一应俱全。相比之下，我们才仅仅迈出了万里长征的第一步，差距实在是太大了，内心多少有点绝望，但也相信这个赛道还有成长空间。

回到长沙后，我们紧锣密鼓地开始招揽人员，筹备新的账号。随着团队一步一步发展到三十多人的规模，一个个的账号也如雨后春笋般涌现。更令人兴奋的是，整个团队的创作氛围非常活跃，大家彼此之间形成了很好的良性竞争。正当我们所有人都沉浸在爆款、涨粉的喜悦中时，危机却在悄然逼近。

当时随着剧情账号的爆火，竞争也日趋白热化，每出来一种新的剧情模式，很快就会冒出一堆同质化的内容，用户关注度被大大稀释。加之剧情面向的用户群体并不精准，以泛流量为主，因此广告客户在投放时，更倾向于曝光量大的头部账号，留给腰尾部账号的预算非常有限。而我们的账号数量虽然不少，但精力过于分散，始终没有孵化出特别头部的账号，单量不多，再加上价格偏低，最终整体算下来，是入不敷出。

从 2020 年开始，我所在的 Drama TV 已经成为一个独立经营的部门，要自负盈亏。到了年底，便要核算本年度的营收和成本，剧情赛道的经营质量不出意外地成了垫底。雪上加霜的是，整个赛道的发展趋势已处于下行，没有多少增量空间可言了，留给我们的只有一个选择——断臂求生。我们在最短的时间里，砍掉了绝大部分没有正利润的账号；团队成员由于没办法适应母婴或娱乐赛道的要求，一些人离开了，另一些人分流到了其他部门。

那算是我这几年来最难熬的一段日子，从 0 到 1 搭建起来的团队，却又亲手拆掉，好不容易凝聚起来的团魂，说没就没了。面对大家的不解、质疑，我不知道该如何解释，也不想为自己辩驳。说到底，的确是我对市场、对商业化的认知太浅薄了，我没有及时想明白变现的路径和规律，导致团队在一条前景不明的路上越走越远。

反观母婴垂类赛道，它面向的用户群体画像清晰，需求明确，天然离消费场景更近，达人能通过专业观点输出产生种草力，最终影响用户的消费决策，帮品牌客户完成从宣传到效果的转化。基于上述经验，我们今年又将触角延伸到了家居泛生活品类。这几年受大环境影响，大众居家时间更长了，对居住空间、生活品质的要求进一步提高，这背后就蕴藏着大量的消费需求。我们在孵化账号时，更加注重差异性和多样化，从小户型到大平层，再到别墅，从独居人士到情侣夫妻再到三代同住的大家庭，应有尽有，这样便能满足不同品牌客户的多元投放需求，提高整个矩阵的商业效率及抗风险能力。

功不唐捐，玉汝于成。在这条转型之路上，我们曾经历了大大小小数不清的低谷跟弯路，也曾一度走到崩溃的边缘，但值得庆幸的是，频道诸位领导从未犹疑和放弃。他们的坚定投入，给了团队莫大的信心和底气，每一次失败都为下一次突破积累了宝贵经验。走的愈远，愈觉得初心最重要，当感到迷茫时，不妨沉下来，扎进去，前方终会越来越亮。

事儿是人干出来的，结果不重要，过程很重要

罗琳倩

因为"无知"，所以无畏。也因为相信，所以看见。2019年9月我正式加入湖南广电娱乐频道（下文简称湖南娱乐），彼时的我第一次经历职场至暗时刻，失落、内疚、自责、迷茫，跟当时的合伙人挣扎、来回拉扯将近一个月，最后还是选择关停了一手从0到1创建起来的创业公司，解散了核心团队。

加入娱乐时，MCN正处于高速发展时期，成功孵化出多个主持人账号，而我加入进来经历的第一个项目便是"芒果播商"，当时湖南娱乐作为全国媒体融合转型的典型优秀案例被邀请至各家频道、媒体进行分享，同行们络绎不绝登门拜访交流，在领导的支持下，于是我们开始尝试探索湖南娱乐在新媒体转型中的路径是否有可能被复制，我们是否能给其他同行提供切实可行的新媒体转型方法论。当时的我没有任何实操经验，团队也需要重新招募搭建，我和当时的同事们跌跌撞撞摸索前行，那段时间频繁出

差，去到不同的单位了解诉求与现状，也是那个阶段才真实感受到传统媒体行业在时代大趋势下的艰难，以及对求变自救的切实渴望。三个月过去，到2019年底，我们发现所谓媒体融合转型之路并不是喊口号、密交流、表决心、多学习就能上路，体系、机制、团队，有没有打破固有格局、换血重生、破釜沉舟的准备，团队是不是能抛弃过去躬身入局，都决定了媒体同仁是否能踏出转型第一步。当然彼时的我们也还未成熟，在转型的路上踩着不同阶段的坑、经历必然要趟的泥泞路。

我清晰的记得，在新冠疫情悄然到来的12月，我们最后一次因为这个项目在武汉出差，也做好了准备喊停项目。转眼到新年，新冠在全国大面积爆发，也是在这个节点，我迎来了第一次业务转型，当时"张丹丹的育儿经"账号需要IP化，领导安排我和团队开始接手成立"张丹丹IP工作室"，希望打造单个账号—IP的跃迁。第一次接触丹姐，不苟言笑，工作上积极认真，可能也是因为丹姐的职业经历和多年来形成的职业素养，加上当时团队其实并没有任何行业经验，认知、专业技能、行业积累几乎为零，在一定程度上当时的团队其实是跟不上发展要求的。在磨合的过程中煎熬，一次又一次的打碎重来，有不坚定的摇摆，也有打胜仗的欢呼雀跃，那一年是我和团队成长最快的阶段。回看当时都还未有抖音电商的说法，团队对于抖音直播带货几乎一无所知，但这并没有让团队退缩，我们相信干才会有答案。在2020年3月份初次尝试图书直播带货，首场告捷，接下来二场、三场……我们趁势而为，在4月份图书周时我们拿下了当时的行业Top1，也由此确定了我们围绕"张丹丹的育儿经"IP化的路径，选择从绘本切入，开始布局搭建"张丹丹"IP的供应链体系、产品体系、用户社群体系。

团队从最早的3个人慢慢发展到后来的几十人，我面临的挑战也从干好业务拿到结果升级到了团队管理、业务增长、战略发展等多维度的综合命题。

于是到 2020 年 11 月，我们又开始了新的尝试，切入了一个从未了解过的行业——二奢赛道，从 0 到 1 孵化"段大牌的秘密"，现在回想起来，那时候的自己和团队当真是无知无畏，以为阶段性的拿到结果就可以所向披靡，什么都可以干什么都可以成，现在回想起来那时候的自己和团队是过度自信的，错把恰逢其时的结果、红利机会、达人贡献完全归功于团队能力，恰恰对客观规律视而不见，丢掉了对行业深度的敬畏之心。

由于短时间内极速扩张、业务不聚焦、团队能力分散，问题开始一个接一个显现，而我个人在管理上的短板也凸显出来，业务开始走下坡路，而我的危机意识只停留在业务结果，一头扎在业务运营的细节，复盘更多的是执行动作，却未意识到方向的判断失误，金牛座的倔强不服输一条道走到黑在此时变成了我致命的缺点。2021 年，丹姐的合作到期，我

不得不开始思考团队到底该何去何从，依靠单一达人 IP 的经营模式显然给业务的稳定及可持续性带来了极大风险，于是再一次转型，借势过去的积累，选择泛知识赛道继续深耕，当时签约了"宋玉""北大千千妈"等知识型达人打造泛知识达人矩阵，期望孵化出一个泛知识赛道的 MCN 厂牌，依托于达人矩阵做好经营。现在回顾当时的选择，更多的是在当下为团队找一个可能"自救"的出口，并未真正站在资源积累、团队核心能力、市场客观情况下做思考与分析，显然再一次我们又陷入了业务发展的僵局，团队士气低迷，到底如何破局，成了当下我和团队需要直面、解决的关键命题。

时间回溯到 2022 年 5 月，恰好基于频道发展需要，领导们决定让我带领团队丢掉过去，转型承接彼时 Drama TV 的商业化，于是再一次团队开始了新的探路，也正是因为这个机会，团队迎来了新的生机，找对了定位和角色，开始新一轮的打怪升级。新的挑战前三个月是痛苦的，角色的变化、业务的低谷、面对市场的迷茫、团队的适应能力等，一切都是未知的，但几年下来的积累也让我有一个笃定确信的结论：只要团队在一起背靠背，事儿是人干出来的，我们经历的过程一定能帮助我和团队找到答案。事实确实如此，三个月后，稳定增长的确定性结果是我们最好的答卷。

回顾这几年下来身份的转换、业务的转型，自己偶尔复盘时，会认为自己一直秉持的是体验派人生观，要尽可能丰富地去认识一切，观己、观人、观物、观世界，这个过程是我获得的最好回报。有幸的是在湖南娱乐这片土壤里，我和团队有机会、有触角去体验去折腾去试错，这个过程我们做到百分百努力、尽情享受，就是值得的。

没有人会回到原点，只要我们一直在更新。

误打误撞，走上母婴
生活这条路！

姚茜

很多时候，我们成为什么样的人，走上什么样的一条路，都是无数次的偶然。毕竟2018年，娱乐频道开始转型短视频的时候，谁都没有想到，一群20出头、未婚未育的年轻人，能够孵化出一批批成功的母婴生活账号。而这批母婴生活矩阵账号，经过时间的洗礼，他们的IP价值，商业价值也逐渐凸显，并意外地成为了芒果MCN的重要机构标签和营收构成的中流砥柱。

在对外交流的过程中，曾经有人问我，你们为什么会选择"母婴生活"，这么一个具有潜力的赛道？是不是源于一个政策性的文件，或者一次重要的会议？我当时给出答案是：赛道的选择真的是误打误撞。甚至在搭建整个矩阵账号的过程中，我跟团队的小伙伴们都有过自我怀疑：我们这群没有结过婚、根本不懂育儿的人，真的能做母婴账号吗？我们能够在这条似乎不属于年轻人的赛道里立稳脚跟，很大程度上源于两个字——坚持。市面上做母婴赛道的机构和公司很多，他们显然也会面临跟我们一样的问题。年轻的团队需要去驾驭母婴题材，绝非易事，唯有坚持。

回溯到 2018 年，各大短视频平台方兴未艾，微视、抖音、快手、西瓜等几方混战，频道领导高瞻远瞩，决定让组织内一部分互联网思维更强的年轻人，优先转型，谋求出路。于是，我离开了"娱乐急先锋"栏目，跟当时的制片人一起从传统的大屏电视转战短视频平台。

没过多久，我们不得不承认，电视大屏导演转行做短视频，并不是我们想象中的降维打击。恰恰相反，过去依托与大屏的平台优势，根据对长视频内容的理解，我们做出来的账号内容根本就不符合短视频平台的传播需求。

正在一筹莫展的时候，我们遇到了第一个转机。频道领导把湖南卫视的知名主持人张丹丹推荐给了我们。丹姐是享誉全国的优秀主持人，同时在育儿领域，也是一个理论和实践并重的专家。于是，我们账号的名字和定位很快就确定了下来。从确定跟丹姐合作账号，到"张丹丹的育儿经"2019 年 4 月底上线，中间的一些重要节点，我们几乎没有走过弯路。不到两个月的时间，我们第一个母婴短视频账号就初见成效。

当时我们并没有意识到，母婴赛道未来会是怎样的一片蓝海。我们只是感知到，成功的经验往往是可以复刻的。于是，我们开始去挖掘湖南广电各个频道优秀的主持人，当然有一个硬性条件：她们必须是妈妈。跟广电的主持人建立合作，对于原本属于同一个体系下的我们来说，并没有特别难。很快，我们就找到了合适的人选。按照前一个账号的成功经验，我们的新账号陆续上线。然而这一次，我们并没有那么幸运，账号的数据反馈并不好，在丹姐的模式下，我们并没有孵化出第二个"张丹丹的育儿经"。

问题出在哪呢？当我们从过去成功的经验中跳出来，放眼全平台，利用各种数据爬取、象限分析、多维度地寻求起号失败的原因，很快答案呼之欲出。

全平台，类似"张丹丹的育儿经"这样的账号并不多，原因在于，这种育儿知识型的账号它的核心在丹姐的内容是独特的。这种独特性，源于她本人的知识和经验积累，其他人没办法复刻；其次，我们的导演都是 20 出头的年轻人，别说育儿了，很多人甚至恋爱都没谈过。当然包括我自己，对育儿这件事根本就是一窍不通。如果需要让制作人来输出令人信服、高价值的育儿内容，明显就是强人所难。

既然这条路走不通，那再去看看全平台其他成功的母婴号是怎么做的。很快，我们便有了新的思路，开始着手调整新起账号的内容方向。团队意识到，我们不需要也做不了第二个丹姐，但是我们的路可以越走越宽。

于是，我们开始去挖掘达人本人的优势和特点，并在全平台去寻找对标账号，策划最合适这个达人也最适合短视频传播的内容。没过多久，我们陆续成功孵化了刘梦娜、王燕、陆立、李玉燕等多位广电主持人账号。轻轻松松，我们就能做个 100 万的爆款，然后再涨个 50 万的粉丝。成功搭建母婴矩阵，对我们来说已然是水到渠成的事。

前方似乎一片坦途，事实却并非如此。在短视频平台，内容产品的成功跟商业化的成功并不能完全等同。在母婴矩阵账号初步搭建的阶段，机构商业化部门给出的市场反馈并不好，以至于在很长一段时间，内容产品部门跟商业化部门处于一种极限对抗的状态。商务部门责备我们做内容的不懂市场，没有市场思维，做的账号没有商业价值。当然，我们对这种指责嗤之以鼻，每次跨部门开会时，更是横眉冷对，彼此的敌意愈演愈烈。

好在没多久，频道领导便对频道的短视频业务体系，进行了大刀阔斧的调整。我们的部门从单纯的内容产品生产部门，发展成了"内容＋商务"的复合型部门。让内容产品生产者更了解市场，也让商务团队更理解内容，融合让团队焕发新的生机。我们的母婴账号矩阵在商业化方面也取得了前所未有的突破。

当然，孵化的账号有成功，也有失败。有的账号做了几个月，我们就发现账号的内容和商业化表现都不尽如人意，最终只能断臂求生。最开始放弃一个账号，对团队来说，是一件难以接受的事情，团队很多成员也因为受不了账号的各种调整，相继离开。

寻求改变，是我们在短视频账号孵化的过程中一直坚持的品质。正是因为"变化"，在探索母婴赛道的过程中，我们再次发现了新大陆。

在不断地起号、调整、试错、停号的过程中，我们遇到了另外一个素人妈妈米芽。最开始，我们选择要孵化她，是因为她是一位英语老师，有知识储备，而且口条气质优于普通素人，跟我们的母婴赛道完全契合。我们顺理成章的把她签下，按照母婴号的做号逻辑，让她去做儿童英语启蒙的相关内容。但是账号的数据，又给了我们当头一棒。很快，米芽就进入了淘汰账号的行列。但是，我的内心一直有些隐隐不甘。正是因为做过很多成功和失败的达人，直觉告诉我，米芽是可以做的。

我们调整了导演团队，重新给账号做规划、拍样片。导演跟达人重新聊过之后，决定从米芽真实的生活场景出发，去做两条跟她日常生活贴近的内容，一条是英语老师的日常帐号 Vlog，另外一个是吐槽住别墅你不知道的那些事。看到第二条样片后，我便觉得，有一条全新的路就在前方，触手可及。于是，我跟团队的导演商量，围绕着米芽的别墅做了一系列的内容。账号内容发布不到 20 条，我们便接到了第一条广告。而且我们惊喜地发现，米芽接到的广告品类跟以往的母婴账号有很大的不同，家电 3C 产品占据了大头。在母婴账号的基础上，一条复合型的新赛道呼之欲出——母婴 + 家居。

同时我们发现，原本的母婴账号矩阵虽然搭建了起来，但是账号的商业潜力并没有完全释放，其中一个重要的原因便是账号同质化严重，导致机构内部账号内卷。恰好这个时候，作为团队中最"老"的90 后，我有幸成为了内容团队成员中第一个结婚生娃的人。这段人生的重大转折，也让我对职业的认知发生了翻天覆地的变化。

这一次，我重新去复盘我们导演创作的脚本和达人录制的视频成片，最后得出了几个重要的结论：一是我们的内容产品团队成员确实太年轻，清一色 95 后，甚至 00 后，他们懂短视频，懂新媒体传播，网感好，但是却没有一个懂婚姻，更没有一个人会育儿。虽然大家都把自己带入角色，去学习，去创作，但是要做到完全跟妈妈们共情，还是有很大的代沟。二是我们的达人，无论是主持人还是普通的素人达人，在账号里，演绎功能远远大于内容输出的功能。她们的价值在以前是被低估的。

于是，我们开始重新思考"机构之于达人，达人之于机构"的意义。母婴生活赛道跟其他剧情、美妆赛道的区别正在于此。导演中心制是时候需要转变为达人中心制，把达人放在账号的中心位置，才是延长账号生命周期最有力的方法。

我们成立了第一个以达人为核心的工作室——"七七子工作室"。我们试图在现有的达人中，培养具有内容输出能力的人，来成为团队的核心人员。达人决定账号的未来走向，给账号做规划，负责输出脚本，负责跟后期沟通，甚至达人还自己负责拍摄，导演成为账号的第二顺位人，全面支持达人的内容输出。这个时候，我们惊喜地发现，我们的账号有了魂，市场的反馈也越来越好。

时至今日，我们每一个新起的账号都有她独特的地方。这个独特之处，不是导演赋予的，而是达人与生俱来的，只不过被我们的导演发现了，并用短视频的表达方式生动地表现了出来。

相比于其他赛道，两年三年的迭代速度，母婴账号因为用户迭代速度快，消费周期短，账号的生命周期多则一年，短的甚至可能只有半年，这是平台账号所面临的大环境。但是我始终相信，母婴生活的复合型赛道内容可以打破时间的局限被沉淀下来。除此之外，我们的团队，我们对内容的敏感度以及对市场的理解，都将会是这场新旧媒体传播革新中最有价值的沉淀。

Show TV：日不落的直播飞虎队成长记！

龙瑾瑜　任茜茜

2019 年，我们还不认识"GMV"这个词。

做了十年的传统媒体，从电视来到电商，我们倒空媒体人的骄傲，在杭州的新世界里投石探路。时至今日，我还深深记得刚入局直播电商时，团队像一无所知的原始人对新世界的一切充满好奇，那时候我们常常问出让业界前辈啼笑皆非的问题。

始于蘑菇街，长于淘宝，壮于抖音。赤手空拳，开启了属于我们的直播电商小时代。2019年 10 月，我们开始在蘑菇街试水美妆直播，当时团队总共 3 个人，负责了从达人孵化到供应链管理再到直播运营的所有工作，30 天时间孵化出第一个月销售额达 50 万的美妆主播，跑通了直播SOP 和供应链合作全流程，这段经历为我们后续打开达人直播市场打下了扎实的专业基础。

后来这个 3 个人的小团队发展成为超过 100人的直播电商团队，在直播电商领域通过 4 年的探索与沉淀，不断变大变强，成为芒果 MCN 的王牌直播团队——日不落的直播飞虎队。

这支经验丰富的直播团队潜心于一体化直播业务体系打造，提供直播商业化解决方案，围绕"内容"和"流量"，完成高效率商业变现。创造了马可、大兵、王燕等多个明星达人爆款直播案例，与超过 1500+ 优质合作品牌方保持深度合作，直播月生产量 1000H+。

1. 第一张成绩单：湖南策神的重塑历程

@ **主持人马可**是飞虎队打造的第一个成功案例，最初选择与马可合作，是因为我们需要一个走进观众视野的主播，以"湖南策神"出道的马可，他的《越策越开心》以及"长沙口音"有很强的群众基础。2019 年 9 月，淘宝直播上线"启明星计划"，我们做了一个重要决定：带领主持人马可入驻淘宝直播，从电视上的主持人转变成淘宝直播间的主播。我们坚定地认为这将是在直播电商风口的一次绝佳机会，所以团队决定围绕**"湖南第一电商主播"**这个定位对他进行形象设定。我们和马可一拍即合进入这个行业，带着与生俱来的勇猛无畏、一路前行，突破舒适区，来挑战一件件不确定的事。首先根据定位在选品上打出特色——美食长沙的名片，是马可直播间的特色品类，以食品为核心延伸，不断触达其他新的合适的湖南特色选品，如生活电器、个护清洁、家居家纺、母婴、本地生活、旅游等也都成为了逐步探索的领域。

同时，我们精准研究粉丝画像、洞察用户需求，通过用户反馈反哺直播间，精进产品架构的同时不断优化直播内容，让马可直播间的选品池更加丰富。在直播内容上，为了让介绍小龙虾、牛排、虾仁等食材或半成品更具说服力，在直播间开火、架锅、烧菜已不足为奇，甚至也会**在直播间炸臭豆腐**。为了增加直播间趣味性，在不同节日氛围下搭建场景，也会设置弹着吉他唱歌等环节。我们的运营策略是保留主播原有的风格，比如**马可的一本正经总被粉丝当成段子解读**，这与之前主持 Style 所留下的印象是分不开的，对音乐保留着自己的私心，在直播间独具特色的谈着吉他唱着歌，在**与粉丝"云相处"**中，传达着主播对待人生的真实态度，也能更好的给观众带来舒适感。

在 2020 年 9 月 14 日，我们贴出了**马可直播间第一张战绩海报**：马可首届珠宝节，总引导成交金额 400W。

之后陆续发布首届家纺节，总引

导成交金额 218W+, 梦洁专场战报达 260W 的实际成交金额、总 GMV 破 500W 的年货节战报等多场破百万战绩。从 2021 年开始，马可直播间开始在房产、汽车、医美、公益等不同领域蓄力破圈。每月固定直播节点：秒杀日、吃货节、宠粉节，还设置了"每日推荐一本好书"、"夜来香"（深夜食堂）等特定环节。

在这场马拉松直播中，我们和主播难免带来身体和精神双"承重"：晚上 7 点准备，播到 12 点，复盘到凌晨 3 点，团队可能再开会过第二天的品，抬头发现天已朦胧亮。截止目前为止，团队联合马可总共做了超 400 场直播，总时长达 2200 小时。

马可通过直播赛道找到了自己的新方向，成为了淘宝直播中表现

突出的实力主播，而团队披荆斩棘，也已成为在直播领域的佼佼者。

2. 战绩海报 接踵而来

团队基于对运营马可直播 IP 的经验，一路高歌猛进，先后为著名笑星相声演员大兵、主持人王燕、主持人段鸿等名人打造新媒体 IP。

关于大兵的头衔有很多：唯一官方认证"湖南省扶贫大使"、湖南家喻户晓笑星大咖、南派相声代表、湖南省文联副主席、省曲协主席、大兵笑工场发起人等，曾四次登上春晚舞台，为大家带去经典难忘的春晚记忆。

虽是带货届的"小白"，但大兵跟随团队参与直播间风格设计、亲自参与选品试用，确保每样产品都能在质量和价格上让粉丝满意。挑选的优质商品叠加诙谐幽默的语言风格，团队打造属于大兵独特的带货方式，直播带货最关键的就是"货"，根据粉丝比例，大兵的大部分粉丝是男性，于是在直播中契合了大部分男性的日常需求，也准备了多重福利反馈给粉丝，好物低价秒杀和一系列奖品抽奖，以别具特色的直播带货，做专宠粉丝的狂欢盛宴。

打造大兵 IP 完全是有备而来，在淘宝直播助力精准扶贫，带领大兵入驻淘宝直播。淘宝直播带货的威力不断刷新人们的认知，特别是在疫情期间，为当地农产品助力，淘宝直播带货成为脱贫致富的新出路。大兵作为唯一官方认证"湖南省扶贫大使"，又是陪伴几代人成长的湖湘名片式人物，在此次淘宝直播首秀中也会将扶贫助农落到实处，向全国人民乃至世界人民推介湖湘好物。

看过湖南都市频道《寻情记》的观众，都会被主持人王燕的台风吸引。节目中每个人的故事都很感人，每个故事节点，王燕恰如其分的点评引导故事的高潮推进，在节目的最后，会以或睿智或启迪的话语总结故事，带给观众醍醐灌顶的感受。所以运营王燕的直播时也保留了她的个人风格，强化王燕高情感粘性的特色。通过3个月的内容挖掘，迅速涨粉至百万粉丝账号，建立广电主持人在新媒体领域的影响力。随后打造了多个王燕家纺节、美妆节、生活节等直播专场，为她打造的生活节直播战报，总实际成交金额513.4万元。

3. 地表最强的六边形战队

团队在直播这件事情上始终充满着热情和干劲，某种程度上，运营战队的工作态度也反向感染着主播们对直播的态度，直播间3~4小时，主播在屏幕前有多累大家看得到，直播团队也要花数倍的时间来做准备，忙到凌晨3点是经常有的事，而我们幕后团队的状态总是阳光积极的，甚至有点甘之如饴。

团队对于直播的坚持，从量变带来质变，数据的增长也悄然发生着改变，不论场观还是销售量，相较于最初，数据都翻了将近十几倍。

近几年来随着以短视频平台为代表的社交媒体应用格局趋于稳定，网络主播行业迈入高质量发展阶段，逐步走向专业化、职业化，这正是网络主播行业面临的一个新的发展机遇，基于直播运营的经验和市场不断演变，于是我们整个团队在 2023 年转变了思路和方向。

在直播带货的"升级打怪"路上，作为专业直播运营团队，我们将新的业务定位拓展为才艺主播的孵化及商业化变现，基于自身优势布局以主持人、达人主播为核心的"演艺直播"业务线。以展现内容创作者优质才艺为主，并逐渐呈现综艺化效果。打造全新平台级新型直播，在唱歌、跳舞和其他垂类内容赛道均培养出优质才艺主播。

开拓直播综艺新赛道，开辟创能发展新路径，基于以用好、用活各类极具发展潜力的新媒体人才为主要目标，7~9月演艺直播开播场次 1000 场次，直播时长 3000 小时，总音浪 1000 万音浪；演艺直播赛道初具模型，现签约主播 66 人，不断探索媒体直播类型，推出优质主持人垂类赛道，打造媒体优质直播内容生产，更好地促进优质主持人主播与用户需求的"双向奔赴"。

账号：孙悟空空　　　账号：马主播时间　　　账号：彭依林

自救：电视媒体的生存突围

通过主播不同特质进行赛道类别区分，如：全网最"努力"主播，健身房踩单车唱歌，持续发力高曝光人气主播 @ **李逸馨**·Esin；三湘第一美女，超燃人气主播 @ **何晶晶**，运用小屏对南派相声文化的进行发扬传承；中国舞主播 @ **佳多宝**，高质量的才艺及内容输出提升转化，获平台颁发金牌；情感聊天直播间，真诚永远是必杀技 @ **马主播时间**、新晋舞动全场主播 @ **半个桃子**、用声音赋能直播间 @ **刘一萱**等。

账号：李逸馨

时代风口下带来商业革新模式，主持、演戏是通过收视率进行比对，而直播也有一套清晰的标准去衡量，落到实地的场观、销量数据，迭代是一个不断自我完善的过程，旧事物消失，新事物才会诞生。直播综艺是一个新物种，Show TV 在追求成长进阶的过程中，不断探索更新这份答卷，以身作则，树立直播行业的新标准。

从陈盼到"七七子的带娃日记"，这条路我走了 3 年！

陈盼

KOL
是 Key Opinion Leader 的简称，意思是关键意见领袖。KOL 的粉丝黏性很强，价值观各方面都很认同他们，通常被定义为：拥有更多、更准确的产品信息，且为相关群体所接受或信任，并对该群体的购买行为有较大影响力的人。

在成为全网超 100 万粉丝的母婴博主前，谁能想得到我只是一个"房打"？即房地产打工人！其实我平时也是一个热爱记录生活，爱捣鼓新鲜玩意儿的人，也有过做记者、当模特的经验，所以对自媒体这个行业非常向往，但一直缺个机会。包括身边也都是传统行业的人居多，别说博主、KOL，连抖音是什么都不知道！看似毫无关联的两个职业，因为我结婚而产生了瓜葛。当时我在长沙举行婚礼，很久没联系的模特好友也来参加，她刚好面试上了芒果 MCN 的母婴博主，就叫我也来试试，试试就试试！从此，命运的齿轮开始转动……

1. 机会是留给有准备的人

我记得那天去面试的时候是晚上，忍着孕吐，画了个很精致的妆，生怕面试官看出我脸上的孕期浮肿。几个人坐在我对面盯着我拍摄，刚进去就叫我自己拿手机试拍一段，几个人坐在我对面盯着我拍摄，我紧张得心脏快要跳出来了，紧接着又进来了几个人轮流着"参观"，还好以前有过采访大型活动的经验，所以这次发挥平稳。

没过多久就收到了复试的通知，试拍地点是在我家。这次是有摄影师的相机拍摄，对着摄像机和对着手机又是一种不一样的感觉了，对着摄像机和对着手机是不一样的。手机至少能看到自己的脸，相机就是一个冰冷的镜头，我经常说着说着眼睛就瞟到镜头上下左右，所以这个看似简单的工作，普通人要入门的话还是要训练很久的。因为不习惯和紧张，我记得脚本里前三句台词我硬生生的磨合了10分钟才讲完整。不过幸运的是，隔天我就收到了录取通知，那一瞬间我觉得世界上最美好的成语就是有惊无险。

2. 安心做花瓶的半年

面试通过后，我就在家里自己架个机器练习，这种工作就是熟能生巧，努力克服镜头恐惧，就能自然表达了。没过多久公司就通知我起号，开始进入正式拍摄。

账号初期我是一种"打卡式"完成任务，导演给什么就拍什么。主要拍摄内容是夫妻小段子等。印象最深刻的是过年之前，导演告诉我要屯片了，一下子给我丢了25个脚本要我自己在家里拍。我当时也真的不管三七二十一都给拍了！至于合不合适、质量怎样我也没在意，纯粹抱着完成任务的心态。

那个阶段的我，不是博主，叫出镜演员更合适。哪怕看到一些不适合自己的选题，我想着多一事不如少一事，也没有去提一些自己的想法。每次看到这跌宕起伏的数据，内心也没有什么波澜，就是一种完成任务的感觉，当个副业来做做。

3. 初尝到博主的滋味

发布了几个月的夫妻小段子视频后，账号都没有什么起色。我一度怀疑自媒体这碗饭我是不是吃不了了？

事情转折来自预产期，之前"安逸"的工作模式被打破。我新换了一个导演，不再是给我本子我就拍这种形式。她常常给我的脚本就只有一个大纲，类似于"命题作文"，让我围绕这个主题自主创作。除此之外，她开始引导我自己写作，多记录生活中的开心和不开心的事，吃个饭、跳个操都要我拍素材。刚开始我对此其实是很排斥的，一方面觉得自己的工作量增加了，另一方面肚子越来越大，身体也有点吃不消，也搞不懂导演为什么连"吃饭""睡觉""吵架"这种小事都要我随手记录下来。

我记忆最深刻的是在 2020 年 4 月 15 日那天，晚上 10 点我羊水破了，我和导演打声招呼说我生孩子去了，这几天可能拍摄不了，结果她说："你赶紧拍个素材，不要在乎妆发和场景，最自然的就是最打动人。我马上过来！"

导演赶到医院的时候我正好在做产前检查，她就一直在旁边跟拍，连马上要进产房了，她居然还和我老公交代了一下等下要拍摄的素材。没想到这一次没有脚本，就这么实拍实剪的"生产 Vlog"火了！其实现在看这条视频，画面没有多美，也没有多少台词，就是记录了我从羊水破、做检查到生产的过程。但是因为真实，镜头里面的我，有生产前无忧无虑的笑、宫缩时候难受的疼、生完孩子的疲惫。就因

自救：电视媒体的生存突围

为这个"真"打动了无数人。视频评论区下面有共情的、加油打气的、述说自己故事的等，看到这些话语我突然对博主这个身份有了重新的认定。

从这件事情之后，我变得爱主动记录了，手机从 256G 换到 512G，也不觉得记录是麻烦事，我认为这是热爱生活的样子，如果没有这些记录，大家就不会从短视频上看到清晨 5、6 点的朝阳，涨潮时候磅礴的海浪、美丽的日照金山……我想这就是记录的意义，也是一个博主成长的开始。

渐渐的，我开始不断地和导演分享着我的日常生活；刷一些爆款选题的公式看看能否配上我自己的故事；我开始每天不定时地去刷短视频，从以前的娱乐刷刷，变成刻意刷刷；去学习别人的开头黄金 5 秒怎样做，别人的内容有哪些梗；甚至学着拉片去拆解别人的镜头画面。有时候一个人一下午就拿着几个支架在家里拍拍拍，只为找到光线最好最美的机位。当我初尝到了博主的滋味后，开始觉醒自己不想再做花瓶，我想当一个真正有趣的器皿，用我的故事去填满它。

4. 连续 4 个月，没有更新一条日常

半年时间里，涨粉了 20 万，商单也慢慢多了起来，这让我尝到了一点自媒体的甜头。我也开始飘飘然了！觉得自己这个母婴博主好像做得挺不错！每个月都有 4 单以上的商单变现，"6.18"时甚至破了 10 单。我又开始了一段比较安逸的日子，可是随着孩子慢慢变大，一些可拍的热点话题逐渐没有了。

更糟糕的是，因为日常内容开发到了瓶颈期，我的账号沦为广告号，我也成为了念广告词的演员，账号又一次停滞！连续 4 个月，打

开我的账号，全是广告，没有一条日常！可以很明显的感觉到我的账号好像废了，迫切需要找到新的切入点和新方向，才能让账号可以延续下去！

5. 烟花绚烂后的漫漫奋斗黑夜

在账号"苟延残喘"过程中，我问了自己三个问题：

第一个：我还想继续做账号吗？我想！

第二个：我想成为优秀的达人吗？我想！

第三个：这个事情会让我有成就感和满足感吗？会有！

于是我开始思考，我该怎么做一个达人？我该怎么为我的账号赋能？在和导演沟通磨合下，我也开始了达人的自我修养历程。

第一件事情是把我的导演聊天框置顶了，每天都会主动和导演分享我的日常，记录各种素材。小到多多（我的孩子）又长高了 1cm、多多今天生病了，这种事情都会和她说。有一次和她拍摄完休息闲聊，她问我："为什么给孩子起名刘沐宸？"我说我当时就是在抖音取的！没想到导演大为震惊，当场就要我录了个视频分享我给宝宝取名过程，结果发了之后就爆了，这条视频居然有 6 万条评论，还被各种营销号、头条号转载："90 后宝妈在抖音给宝宝取名！"

而我第一次感觉到自己有了一定影响力，是来源于一个宝妈粉丝地分享。她在抖音后台私信我，说自己生完孩子长胖 50 斤、自卑到不敢照镜子。我感同深受。那段时间我也变得不爱说话，导演问我我也不想说，对什么也打不起精神来，我知道，我和这位粉丝都患上了产后抑郁症。

我变得嫌弃自己了：变形的身体、浮肿的脸蛋、一身的奶味，每次出门都不敢正眼和别人对视，我不愿意和导演说起这些，我怕被人知道我是个不坚强的博主，但是导演知道后开始鼓励我，她希望通过我来给予更多的宝妈力量。导演和我说："咱们博主也是人，也有开心或悲伤，不一定只有开心能传递，悲伤也会有人和你共情，不要怕，我们把它拍出来，勇敢的去面对，只有说出来，你才有勇气改变。"

区别于之前的"生产 Vlog"真实视频，这一次是产后抑郁、断奶、怀孕变化等系列视频。做了之后，我的心态是完全不一样的。我渴望去获得认同、希望给予我的宝妈粉丝们力量，也意外收获了为女性发声的成就感。我也变得热爱这份工作，开始想在粉丝面前展示更好的自己，减肥、健身、学烹饪，更加热爱生活，想用自己微薄的力量影响更多的人！

6. 等到黎明破晓，我爆单了！

在半年的经营中，我的生活轨迹和账号发展轨道高度重合，可以说"七七子的带娃日记"是我的一个视频版日记。正好 2022 年 6、7 月要忙着新家交房、装修，基于之前 2 年博主经验的积累和导演默契磨合成功，所以这次暑期档我就和导演一拍即合，一起策划了"装修日记"系列视频。没想到双十一期间，结合我的母婴人设加装修内容，视频受到客户青睐，连续两个月月破超 20 单，2022 年营收额超 250 万！成为了微博易年度商业价值荣誉母婴达人！

这一次让我明白到，博主身边发生的任何一件事情都不能丢下，比如换房子、换车、小孩找学校等一系列的事情都可以记录，任何新出镜的产品和环境都是留给广告植入的口子。为什么现在那么多人喜欢拍 Vlog 就是口子留得足够多，广告好插入，而为什么一些账号粉丝够多，数据够漂亮，也卖不出去的原因可能就在此。在做好内容的同时，也要具备商务思维和产品思维，才能让账号更具有旺盛生命力和商业价值！

7. 依旧在路上

自从做了博主以后，我变了不少。

变得手脚更利索了，掏手机拍摄的速度比我拆快递的速度还快，像儿子把牛奶擦一地、儿子尿床了、老公摔一跤，我都会本能地掏出手机，心想错过啥也不能错过这么完美的素材；脸皮也变厚了，经常在各大商场、超市、公园人群面前，举着手机就开始一顿口播拍拍拍；从以前不敢在别人面前说话，变成现在不找别人说话会难受。

我开始变得享受并且热爱这份职业和身份！

也有朋友会问我，我长得普通可以做博主吗？我普通话不标准可以做博主吗？我这么胖可以做博主吗？我想说的是，博主不分贵贱，你只要有自己的故事，热爱记录，博主就不只是博主，是在"编剧"他的整个生活。

后记

　　疫情三年，反而是抖音、快手、小红书这些短内容平台狂飙突进的时期，新的模式催生出太多创富传奇，唯恐落后的情绪传染着所有期待新机会的人。那种全情投入和即时反馈的互动过程让我回到了 20 世纪 90 年代的电视职场，每一天都在为新的希望欢呼。年轻人能在这样的更迭密度和竞争强度下成长，烦恼是甜蜜的，痛苦也是新生必须的洗礼。对于我们机构的整体转型来说，人起来了，一切水到渠成。

Chapter 4
电视转战新媒体主场的N种方式

回到我们开篇的话题，电视频道如何救？谁来救？我和我的团队在媒体融合的大潮中自然而然又因缘际会地走上了 MCN 的道路，个中有自我的主动拥抱，也有环境给予的种种暗示与推动。离开某一个契机，道路便可能曲折若干倍。那么，电视频道，尤其是地面频道就只有这样一条路可以选择了吗？当然不是。那么，在道路选择中，有哪些共性可以研判分析呢？

　　在静止环境中做学术推演永远给不出解法，答案只能在全面竞争的市场里自然而然地涌现，要不断经历试错、重置、转向。

　　传统媒体人擅长追逐新事物，制造新概念，从不吝啬对互联网的发展潮流大肆宣扬。国内很多电视媒体并不是没有开发过自己的 APP，也很早就拥有过自己的网站。但这些产品大多缺乏耐心的长期规划，在现实的利益考量面前，很容易沦为一时兴起的宣传产物。它们存在的意义，或许是全程记录了电视台对网络媒体"早期重视不起来，后期重视起不来"的历史。

　　事实上，互联网世界不是媒体可以旁观的平行时空。新发展阶段与数字技术环境建设息息相关，所有行业或迟或早都将置身其中，而传媒行业数字化重构的程度堪称百分之百。

　　在传统电视的生态环境里，与卫视综合频道不同，大部分地面频道立足于本地，内容以本地新闻、民生服务和影视娱乐为主，变革压力首屈一指。

推进媒体融合对于地面频道的意义，一方面是要找到一种新的生存方式，以实现经济上的立足；另一方面是要找到新的媒体价值，创造社会效益。它们处在同一时间窗口，如果不能同步一体化解决，必然面临"关停并转"的频道退出命运。

面对媒体深度融合的命题，我们需要思考新发展阶段有什么特征？地面频道有哪些机会和问题？新发展阶段对于我们推进工作又提出了什么样的新要求？

新发展阶段的媒体生态

第一步，我们要充分理解新发展阶段的媒体生态。在执行层面，大部分广电同行对媒介生态的变化仍缺乏统一认知，概念混淆、语境混乱的情况时常在交流过程中出现。对于地面频道而言，事情不需要考虑得这么宏观，我们只需要明确了解一点——在数字逻辑的媒体世界中还有没有电视频道这个物种？一直以来，在讨论电视台未来如何的时候，其实我们都是从过去假设而来，默认了电视频道的存在。

但是，如果穿越到纯粹的未来数字世界里，现有电视生态的所有功能，即便我们对未来科技进一步发展完全不了解，也能感受到它的替代范式，而这些范式是分散的，并没有对应映射出完整的电视频道版本（最相似的 IPTV，也已经离 OTT 形态越来越近）。

智能手机的普及，带来了大规模、碎片化的消费场景，也提供了大规模、碎片化的生产能力。信息分发的颗粒度已经缩小到单一用户，依赖于中心化大众分发模式的传播理论大厦开始摇摇欲坠。

当人人都在生产现场的时候，专业化信息产品的价值失去了"快"的维度。

原来，我们是先假设了一种需求共识，来组织媒体信息供给。现在的状况是从最小化满足开始，形成大众化共鸣，只是层层破圈、多次传播的自然结果，对于生产而言，这是两种不同的思维方式，同样，也会带来商业链条的分化重塑。

2017年后，抖音、快手等短视频平台崛起，内容生产门槛更低，信息密度更大，加速推动了个性化信息消费时代的到来。当人人都在生产现场的时候，专业化信息产品的价值失去了"快"的维度，权威性的比较优势也让位于自我发声的当事人。

电视媒体人很容易把原来的新闻节目理解为短视频的内容集合，但实际上此短视频非彼短视频，其中内容构成、表达模式以及传播逻辑已经完全不同。

当然，长视频领域的精品影视剧、综艺节目，以及重大现场直播活动，由于稀缺的内容价值和顶流效应，仍然保留了大众化文化消费的基本体系。但是，维系这一体系存在的理由，到底是人们强大的共性化需求，还是仅仅只是审美层次的差异化需求在投产比上无法平衡？

如今，客厅里家庭成员依然躺在沙发上，只是他们的视线不会再同时聚集在电视上，而

自救：电视媒体的生存突围

是各自埋头于自己的小屏幕，偶尔会抬头分享交流自己的信息收获。归根结底，**个人需求的满足在优先级上具有无可比拟的原生动力。**

理解新发展阶段的媒介生态，我们自然要关注传媒经济模式的变化。抛开有线网络经营不说，电视媒体经营的核心模式就是 CPM（千人成本），体现在产品上，也就是我们常说的硬广销售是主要形态。

本质上电视媒体卖的是观众的注意力，套用互联网营销术语，属于卖流量。相比之下，电视流量限于技术手段，没有办法做到数字化运营，精细化程度低，流量经营效率大大落后，份额逐年被各种互联网流量平台侵蚀。

最大的问题还在于客户品牌传播链路上，电视媒体处于媒介执行的末端，自身内容的商业化兼容性训练不足。在面对品效销渠道融合、中间环节压缩、大部分媒体营销向商品端移动的时候，电视媒体会在广告策略和客户资源把握上力不从心。

很多新兴的垂直类企业开始用一种全产业链的布局来运营，即自己建自媒体团队，用短视频和直播来做销售。有些市场上的新媒体公司，也无法忍受微薄的利润空间，跳过中间商，直接反向做起了商品。产业结构的趋势就是从商品端到流量端，链路一样，但环节角色逐渐融合减少，纵向一体化布局的企业越来越多。

这样的营销要求同样反映到了电视屏幕。当前占地面频道收入结构较大的专题广告，本质上就是效果广告，表面上看是时段销售，实

品效销渠道融合

品效销渠道融合是指将产品品效 Quality、效率 Efficiency 和售后 Sales 三个方面进行整合协调的一种市场营销理念。

际上广告客户参照的指标是电话销售的进线率。

新发展阶段的媒介生态，是一个越来越短的时代。传播要快，链接必短，导致运营周期缩短，商业窗口缩短，传播效应缩短，营销链路缩短。**新发展阶段的媒介生态，是一个越来越分层的时代。**原来电视媒体的主要功能，在互联网上被分化了。比如说影视剧和综艺节目等娱乐内容消费，属于爱腾芒等长视频平台；而新闻等资讯服务，则由今日头条等各种新闻客户端、社交媒体账号专门供应。

实事求是地说，电视频道的自身功能并没有退化，还可以利用新的互联网手段达成进一步的用户沟通，然而在电视生态系统里找到解决方案的想法已经不合时宜。时代大势面前，我们不能再留恋过去的美好，**地面频道必须站在电视之外来寻找机构化媒体的出路。**

自救：电视媒体的生存突围

广电内部的几种主流说法

关于媒体融合、地面频道改革、转型，广电内部有若干种主流说法，我们来一一讨论。

1. 地面频道要不要有自己的新媒体平台？

从商业价值而言，平台是最好的商业模式，尤其是互联网平台。打造具有影响力的新型主流媒体，建设新兴传播平台是应有之义。从历史根源上来说，广电媒体思维上习惯平台经营，心理上期待平台地位，能力上依赖平台模式，自己拥有新媒体平台的诉求强烈。

看待这个问题，我们首先要对当前的新媒体平台类型内涵进一步明确。与传统广电产业结构的角色设置不一样，新媒体平台分为流量运营型平台和内容运营型平台，前者自己不产生内容，核心是运营，主要建立流量分配模式和良好的内容生态，类似于开商场，主要代表有抖音、快手、微博、B站等；后者通过自有渠道将内容传输给用户，商业本质依然是内容的产销，类似于开门店，主要代表有爱腾芒优等视频平台和TME音乐、阅文、番茄等。

要不要做新媒体平台，各广电媒体需要客观冷静地分析。

第一，**流量运营型平台的本质是互联网技术产品，核心竞争要素是由技术支撑的产品精密设计以及工业化精细运营的体系**。实事求是地说，国内大多数传统媒体不具有建设该类型平台所需的软件技术积累。技术外包是一个坑，可以让APP产品开发上线，却很难应对市场变化快速迭代升级的需求。

第二，互联网平台产品的发展有一个用户增长红利期，一旦市场条件成熟，基本上就会形成用户规模的马太效应，不会再给同等产品竞争机会。新媒体平台同样如此，**因此，如果没有新一代技术和商业模式创新的机会，传统媒体再想如法炮制已失去市场先机。**

第三，**内容运营型平台以互联网技术为工具，核心竞争要素依然是内容，尤其是头部 IP 的控制力。**这种平台类型与电视台运营特点比较接近，但在长视频领域，这样的机会已经十分渺茫。要不要从平台级产品入手，取决于对市场现状的判断和用户需求的把握，而不是只考虑我们自己有没有做平台的需求。

地面频道不具有做平台产品的基础条件，一般情况下，还是务实地先考虑在新阵地上如何找到内容落脚点，与自身主管媒体集团的发展战略做好协同。如果能从组织和运营机制上迅速互联网化，又培养了相应的技术和运营团队，可以关注市场变化，针对内容行业的互联网化程度，尝试 B 端平台型产品的研发。

2.地面频道媒体融合要大屏联动小屏?

大小屏联动的说法这两年比较流行,主要是因为电视内容尤其是大 IP 节目,对互联网产品的品牌树立以及用户增长起过切实的作用,从而形成了电视媒体造就某某互联网平台的印象。

这么说的深层动机,主要是两方面的意思。一是在产品层面,既然我们能造就别人的产品,为什么我们不能以此孵化出自己的产品呢?二是在营销层面,既然广告客户强烈需要新媒体的渠道资源,我们大小屏联动不是同时满足客户需求的解决方案吗?

实际上,这些看上去理所当然的理由混淆了观众和用户之间的区别。电视频道从来只有观众,并没有拥有过互联网意义上的数字用户,**大小屏联动只是两个渠道的物理连接,观众可以被转化为用户不假,但这只是单向程的流动,不会形成流量闭环。**

两者联动效果好不好来自于两个维度的考核。一是电视内容设计和移动端产品运营需求的契合度高不高;二是这个移动端产品的承接能力好不好。

这两个维度意味着两端匹配不太可能会是常态操作,推导到设计思路上其实会是一个悖论,如果已经有很好的互联网产品,大小屏联动就是冷启动的拉新策略。同样,如果电视内容对于新媒体产品具有很好的助推作用,那么电视频道已经具有很高的产出效益,本身也就无须急于另寻出路。

3.地面频道的新媒体业务不赚钱?

通过这几年的探索,电视媒体的新媒体业务笼统地以面向互联网渠道来归类,可分为版权分发、节目承制、直播电商和广告营销。从过去特许经营、利润率高的局面,转向全面竞争、利润率低的状态,确实会让很多传统媒体心生失望。

新媒体经营周期短，金额小，高周转率的特点，让做惯了大客户的广告部门也不适应；而费尽心机却发现最终很难盈利的处境，更让传统媒体人困惑和抓狂。2021年直播电商热潮袭来，各广电媒体都积极响应参与，但大多都止于公益，真正在商业层面获利的很少。对此，我们要以平常心看待。

地面频道推进媒体融合，首先就是要接受市场检验，新媒体的业务赚不赚钱市场自然有结论，我们要习惯接受这些基本的市场常识；其次，新媒体业务普遍具有长尾属性，单笔交易本身利润不高，行业内必须做到头部位置，才能享受赢家通吃的溢出价值。不盈利或者盈利微薄，或许说明规模还没有到达边际效应的临界点。

从一个行业到另一个行业，指望广电媒体在重构产品、运营和商业变现的过程中立刻就实现盈利，有违经济规律，必要的培育期不可少，也少不了。

我们有内容优势，则是广电内部普遍一致的看法。不过，细究起来这个说法太宽泛，不足以支撑我们获取新的竞争优势，一是个别电视台的内容制作优势并不代表整个行业的所有单位都有优势；二是长视频的内容优势并不意味着在短视频上自动延续，恰恰相反，电视台的制作团队反而是短视频生态下的"门外汉"。

具有制作优质长视频产品，并能形成版权销售能力的地面频道，毕竟凤毛麟角。大部分地面频道，仍然要面临如何制造流量型内容的挑战。传统的电视节目直接搬运到新媒体平台效果有限，转化为收益更是不足为道。按照移动优先的原则，重新组织生产，也不是我们现有专业技能的自然转移。

从事传统视频制作的专业人士，短期内在新媒体环境下，不如 UGC 的表现并不奇怪，这只不过是一个熟悉网感、痛苦感悟的学习成长过程。毕竟广电集聚了一批天生会做内容的人，这个要素优势是社会机构暂时从深度上无法比拟的。

我们只要坚持下去，掌握了互联网生态特点、用户体验规律以及内容运营手段，传统媒体仍然可以将多年沉淀的节目品牌、创意要素和社会资源按照新的范式输出，重新找到内容价值在新战场的打开方式。

4. 广电媒体要不要掌握自己的数据？

未来必然是数据能力的竞争。数据是信息的素材，内容是信息的结构化输出，可以说内容构成的基本数字化单位就是数据，具有独特属性的数据资产在媒体内容单位的重要性不言而喻。

地面频道可以充分使用现有的市场数据产品，先提升自己的数据应用意识和水平，再围绕自身主要内容业务，逐步建构自己的专业数据能力体系。然而现实是嘴上对数据很重视的广电单位多，实际行动上重视数据的广电单位少之又少。

由于大部分传统媒体连业务流程都没有线上化，因此对数据的认知一般还停留在好高骛远的概念阶段。很多广电同行片面追求数据形式，认为必须自建渠道，只有自己掌握第一手的用户行为数据才有价值，实际上却忽略了数据体量是数据分析的基本前提。如果自己生产的数据资源太少，一直达不到应用要求，那么，这方面的工作自然便会陷入停顿。

数据能力是一个系统工程，需要一点一滴渗透在业务体系的方方面面，需要时间才能沉淀出价值，而大部分广电媒体迫切需要数据转换出成绩，很难沉心静气来做数据层面的长期建设。

广电机构不要盲目羡慕"互联网大厂"可以挟数据号令生态，毕竟人家的地位来自于从0到1多年耕耘打拼的结果。我们自己还是要踏踏实实将视角回归到媒体本业的数据应用需求，从基本功开始做起，当前关键是要尽快摆脱传统的管理模式，培养数字化运营的习惯。

其实，大数据的关键不在于涉及面广，而在于指向的专和深。现阶段，媒体内容数据运用水平还在初级阶段，利用公共市场资源或者采买数据，至少可以在局部提升当前运营的精准度和效率。**广电媒体要充分认识到数据工作根植于应用场景，切忌求全求大**，可以将数据采集、清洗、挖掘、分析、处理的范围，定向聚焦在内容生产的维度，这是安身立命的专项数据能力。

坦然接受新兴媒体行业其实有别于传统媒体的现实，不仅能够厘清误区，帮助我们以最小化模式快速进行改革创新，还有助于我们深入认识互联网经济规律，把握传播生态变化，捕捉新的发展机会。

越是重要越是想要控制风险，越想控制风险越要自上而下，越是自上而下越要考虑周全。

地面频道的现实困境

从资源配置效率的角度，地面频道推进媒体融合，主要目的还是在履行宣传职责的基础上，找到个体单位自我生存和发展的新路径。

地面频道的改革处于越来越被动的状态。在传统媒体全面深入推进媒体融合的大背景之下，一般来说，总台（集团）会一盘棋整体筹划改革大局，资源优化配置也会在这一级层面展开，因此大多数省级地面频道是一种尴尬的存在。

地面频道作为现有的基本运营主体，天然具备了先行先试的组织条件，变革的内生动力最强，如果能在这一层级明确赋予相应的政策空间，会迅速激活全国大部分广电员工，为改革模式提供多样化的实践破局经验。

但是长期以来的管理体制，决定了资源整合的思维惯性很容易在大多数地方制订方略时占据上风，因为越是重要越是想要控制风险，越想控制风险越要自上而下，越是自上而下越要考虑周全，时间成本就这样越推越高，一线的媒体单位反而陷入对政策不确定性安排的焦虑而茫然不知所措，尤其是那些本来在人事、财务方面就没有独立权利的地方。

地面频道既要在一个下行的行业周期里维持现状不出问题，又要寻机突围而出，成功实现结构化调整，面临的容错空间事实上越来越小。

本地活动营销近年来日益成为各地媒体的重要创收手段，但在僧多粥少的争抢中不断内卷，利润越来越低，无法提供稳定的经营现金流。

本质上来说，目前地面频道的收入来源大部分属于存量资源变现，经营内容偏传统，在这样的经营现状中，地面频道很难大胆对新赛道进行投入，也缺少必要的资金周转来培育新的业态。

想动但动不由己，想干却力不从心，恐怕是大多数地面频道当下推进媒体融合发展的基本处境。专业人才越来越老，系统性能越来越慢，地面频道要么逐步退出战场，主动出局，要么就要在有限的条件下自证能力，在新媒体赛道上继续弦歌不辍。

理性判断，**地面频道作为电视时代数量最多的一种媒体产品类型，已经难有系统性的解决办法，所有的选择都将基于单个媒体的自身禀赋，以及自我突破的欲望。**

自救：电视媒体的生存突围

地面频道转型可能的角色方向

解放思想、打破观念束缚是走向自我革命的第一要义。**在推动媒体融合发展的改革中，不要定义自己为一个电视频道，而是要把自己看成一个市场化的组织机构，跳脱出原有的业务架构、运行机制来重新设定业务方向。**

电视频道产品的形态已经是过去式，以此为立足点，进行内容产品和经营模式的创新都不能叫媒体融合。过去积累的资产、资源，不要担心会消失无用，只是需要用新的容器来重新配置这些要素，这将抬高我们再出发的起点。

地面频道有不同的内容类型、资源禀赋、团队基因和品牌价值，面向未来可以大胆做更多的可能性想象，只要符合互联网发展的基本趋势，并注意把握三个层次的考量：

一是所选赛道发展有没有问题，即能不能做的问题。这个属于认知层面，有足够的信息帮助我们来判断。

二是这个赛道跟自己的关系大不大，即我能不能做的问题。很好的商业机会，不一定自己能做。在全面的市场竞争环境下，时间卡位是首要因素，除非你有绝杀级别的资源卡位能力。

三是如果做，最小切入点在哪里？即怎么做的问题。做正确的事，是方向；正确地做事，是方法论。

对于广电人来说，最难的是方法论与过去大相径庭。我们不能轻易地被各种渠道的成功学信息所蛊惑，其实互联网行业很多说法是有语境和前提条件的。比如说字节跳动的"大力出奇迹"，千万不要误解为适用于所有企业和所有发展阶段。

立足做好看的内容，概括起来就是分为内容产业向和流量媒体向。

地面频道没有统一预设的解决方案，业内互相照抄作业在快速变化的形势下也效果欠佳。针对媒体领域的长期趋势，我们必须先学会做好基本体系的搭建，这个能力体系大概包括四个维度：产品、运营、商业化和技术。

围绕这个能力体系，我们可以大胆地尝试，一方面把基本体系作为稳定的业务支撑点，不随市场风向而变化；另一方面不断小步试错，逐步筛出新的媒体业务产品，同时培育捕捉市场机会的应变能力。

这两个动作是并行关系，需要两手抓，一手抓长期的内容能力建设，一手抓短线商业机会，保持及时复盘，不断纠错和持续优化。这个过程是业务驱动的系统化重构，始终要以创造持续性价值作为机构化生存的立足点。

如果太急于在项目上突破，虽然一时有所成就，其实很难持续。互联网生态下产品和服务的价值具有高速流动、非线性的特点，即便是平台也时常会忧虑地位不保。

地面频道在产品形态上过去是千台一面，但从组织管理机制上却呈现千台千面的特点。如果要探究一个通用的发展方向，可能唯有围绕"内容"这个核心才有通盘的操作意义。大致来说，我们可以根据未来媒介生态环境和需

自救：电视媒体的生存突围

求来设定三方面的内容公司模式，以作为地面频道转型的借鉴。

一是做好看的内容。

所谓好看的内容就是内容产品化，这有两个不同的方向，一是内容产品具有消费价值，To B 可以进行版权销售，To C 可以会员付费；更高级的一层就是创造 IP 影响力，还能玩转周边产品开发。

这个方向的形态属于传统影视产业的范畴，比较好理解。在这个层面，好创意就是好生意，好作品就是好模式，如果具有高级的内容创作能力，那么产品制作层面的优势就已经基本具备，无非是将产品的商业逻辑从传统电视媒体经营切换到内容制作领域。

据了解，有些地面频道原来栏目剧做得非常好，形成了整套的生产线，这些创作要素如果能转向网络大电影和网络电视剧，或许能成为一个好的内容公司。不过这个内容制作方向门槛很高，现有大部分地面频道对此只能一声叹息。

那么，做好看的内容的第二个方向，就是内容产品定位在流量制造，创作的要求类似新闻和社教节目，通过对现实素材的重新编辑组合，加以精准化输出，而商业化变现的主要途径为内容的广告营销植入。

市场上比较成熟的案例就是垂直类媒体账号，比如我们常说的"两微"新媒体。它们沿袭了过去的媒体模式，是一种专业极致的"小而美"路线，但这样的媒体账号，必须在细分领域取得头部位置才能获得良好的经济效益。

地面频道在短视频平台做垂直账号，策略上可以选择行业资源属性强的品牌栏目，努力做成同类账号的大 V。由于互联网没有发行边界，经营范围面向全国，所得收入规模足以替代过去的体量。

那么，整个频道融合发展的路径其实就是抓住核心的内容资源进行单点放大，这样选择的前提是具有品牌栏目的资源厚度和团队能力的内容深度。立足做好看的内容，概括起来就是分为内容产业向和流量媒体向，前者的重点在于 IP 打造，后者的重点则在于流量运营。

二是做好用的内容。

所谓好用的内容，可以理解为内容工具化，用来作为一种包装和载体，帮助企业、个人和商品来实现传播目的。这个范式里，内容不是独立的产品，而是传播主体与用户沟通的一种情绪水泥，一种信息黏合剂，用来型塑品牌、打造人设、助力销售、转化导流。

在信息流广告以原生模式出现后，再加上算法的推荐兴起，内容作为一种手段，日益被商家视为低成本的获客手段和转化利器。当然，底层的逻辑是因为商业活动上网后必然要适应互联网信息传播的渠道趋势，而碎片化的视频内容则是优先考虑的信息传播和展示载体，由此推动了媒体内容服务进一步泛化成为基本的商业要素，进入更多的流通环节。

当下基于市场活动的内容需求越来越大，典型的例子就是新消费品牌无一例外都是文化概念的包装成果，内容种草纳入日常操作。比较清晰的商业运作模式是各类 MCN 机构，他们的内容团队不仅仅只是负责内容创制，最有价值的工作内容是担任产品经理，为账号定位和孵化达人网红做出选择。电商服务机构则更加明确地将内容的成本和价值数据化、流程化，推动内容服务的标准化交付。

那么这样的内容服务需求对于地面频道意味着什么？内容作为一

自救：电视媒体的生存突围

种包装载体，具有了流通优势，如果将内容能力从传统的媒体和内容产业里解放出来，可以在电商等领域获得更大的价值展现。这一内容结合商品的趋势显然将给内容从业人员提供一展技艺的更大舞台，也为专业的媒体和内容机构转型出圈提供了阵地。

这一转变仍然要拆解为两个方向：一是做专门的媒体和内容服务商，与之前自己做媒体不同的是，增加了为其他主体做自媒体的业务，比如政务号、企业号、达人号的代运营模式；二是将媒体和内容能力作为竞争要素，挺进新的服务赛道，比如说电商企业由于视频渠道的迅速发展，对短视频和直播就极为依赖，急于寻找内容服务商合作。好用的内容，评价的标准主要是看转化效果，而不是影像美学。

三是做好玩的内容。

所谓好玩的内容，就是内容场景化，以增加用户沉浸式体验为目的。符合这一定义标准的，最典型的莫过于游戏，但游戏开发运营对于传统媒体而言难度系数太大，我们只讨论基于互联网媒体内容生态带来的新机会和可能性。技术层面，VR 和 AR 的普遍性应用会有一波体验升级的内容需求，不过目前而言，对于地面频道来说仍然是"远水解不了近渴"。

传统的文旅产业，受网红打卡效应的刺激，有着内容化升级的强烈需求，不管是新媒体宣发，还是场地设施的内容植入，都存有地面频道一展身手的回报价值。

近两年，深受年轻人喜欢的密室逃脱和剧本杀，也是地面频道可以关注和值得尝试介入的实景娱乐。单纯就经济收益而言，本地几家店开下来营收规模并不比一般的频道体量差。最重要的是，其运作的所有内容要素以及组织流程都是我们熟悉的配方，未来也有可能顺势跟着技术发展进入一个更有想象力的广阔空间。

当然，好玩的内容不限于此，但基本特质是打造新的内容场景，让玩家参与沉浸其中。涉足的程度可深可浅，项目可大可小，地面频道先期结合自己的宣发能力和内容组织水平，可以做到相对低成本入局。从长远发展来看，探寻一套可持续运营的产品模式是难点。

广电媒体转型 MCN 需要注意的问题

在媒体融合百花齐放的格局下，广电 MCN 作为一种典型案例被行业人员所关注和议论。MCN 的中国化仍然处在高速演化的动态时期，产业内涵非常丰富。地面频道以 MCN 为名进入互联网生态语境本身反映了一种拥抱变化的积极姿态，大家应该坦然入圈，不要过于敏感和在乎门第身份，归根结底在于 MCN 符不符合内容经济的范畴，能不能解决实际问题。

MCN 的基本特征主要有三点：一是产品矩阵化，即一个帐号、多个平台和一个平台、多个账号的混合立体布局，具体到实操，选择平台和赛道会有侧重；二是内容垂直化，短视频因应的是快节奏的时代，属于碎片化消费，因此内容表达必须直接、简单和纯粹，所以内容定位宁可小众，不可泛化；三是变现多元化，不仅仅是广告植入，电商带货等互联网基本盈利模式均可触及，才能最大化传播价值。尽管短视频的使用时长已经超过了在线视频，但其业态发展仍然日新月异，内容逻辑和商业逻辑正在多方参与下不断调整，MCN 的洗牌在所难免，资源的争夺越来越趋向上游环节。因此，广电转型 MCN 有几点是特别需要引起注意的。

第一，内容逻辑不同于电视节目生产，不是简单的拆条。电视节目以事件为核心，短视频以人为核心；电视节目追求真实，短视频注重剧情设计；电视与短视频平台媒介形态和用户属性的差异，因此原封不动或拆条电视节目贴到短视频平台上不会取得好的效果。广电机构制作短视频内容，建议以知名电视节目和主持人作为切入点，找准足够细分的垂类领域，将更容易获得高流量和良好变现。

第二，宣传导向不可忽视。大家普遍对网络内容存有低俗、标题党等印象，以为可以尺度松些，但实际上大平台审核很严，稍微违规即限流封号，而主流价值内容有政策扶持和鼓励。在内容审查上，平台会有完备的人机审核程序，关键词屏蔽和视频识别等专用技术手段越来越先进，因此没有必要照搬台里的审查模式，MCN 的宣传导向管理范围可以相应缩小，事项相对精准。为避免风险，建议一是不入驻刚运营的小平台，避免平台方的监管能力不足带来风险；二是严格区分频道、节目官方账号和社会化内容账号的管理，官方帐号仅用作宣发，不要做商业化安排。

第三，组织必须大胆变革，适应市场竞争的需要。原有的电视媒体运行机制与 MCN 运作模式在管理理念、流程上都存在很大不同，如果不变革，就会效率太低，跟不上变化。

试错、重置、转向，不是只有一条路可以走

对于传统广电人来说，融合媒体发展就是一场自我革命，不仅仅是产品和业务的迭代，更是运营逻辑、组织架构的迭代。MCN 模式不是唯一选择，未来媒体发展存在着多种可能形态，也会带来新的转机。我们始终相信，视频业的未来随 5G 到来更为美好，虽路远且长，但行则将至。

湖南娱乐频道作为广电 MCN 的先行者，我们一直态度明确：第一，不争论 MCN 行不行，我们不是在做学术研究，而是要以市场实践来探寻生存之道；第二，不纠结 MCN 是什么，我们接受任何可能性，坚持用效果来修正过程中的问题。

两年来，我们形成了一个基本结论，就是 MCN 机构越来越需要比

拼前后端的综合运营能力，一般的社会化公司扛不住内容基础设施的投入风险，广电背景的 MCN 可能会发展成为 MCN 机构中的最大力量。

分析未来的变化趋势以及现实的处境，如果我们的思考局限于地面频道的身份，会发现局面暗淡无光，但只要调整视角，放下地面频道的所有设定，前路其实柳暗花明、鲜活无比。

需要警惕的是，看到机会不代表一定能抓住机会，所有的转变都意味着从熟悉到陌生，往往对不熟悉的领域，我们又常常低估了做成的难度，而又高估了学习的速度。

另外也要注意，以单项目切入的方式来打开局面没有任何问题，但一定是不能止于项目的思维，必须同步考虑项目未来的经济规模、产品形态、技术要求以及对原有频道人、财、物的兼容空间等，我们的最终目的是要实现业务和人员的成功转场。

每一代人都要解决历史交给这一代人的问题。前辈们在辉煌的电视时代尽职尽责、尽显芳华。现在处于地面频道管理岗位的中生代骨干，如何让自己和机构与时俱进，既是我们的责任使命，也是创造新故事的大好机遇。

在设计路线图，选择新赛道时，我们布局的不是互联网，而是内容互联网化。当这样的挑战全面冲击我们的思维习惯和知识结构时，我们要有勇气承认自己的局限性，也要有勇气有所不为，更要有勇气无畏进取，相信自己能在实践中学习技能和解决问题。

地面频道的媒体融合必须树立以"人"变应万变的意识。行动是最好的宣言，也是星辰大海唯一的入口。没有迟到的风口，只有迟到的人。

主持人做达人是"降维打击"吗?

吴琼

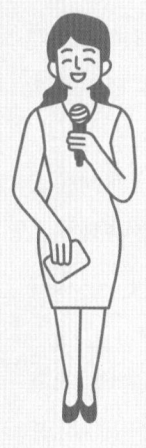

　　湖南娱乐作为最早转型 MCN 的地面频道，长期蝉联抖音平台媒体 MCN 榜第一名，成为广电媒体转型的代表。这几年，不少广电同行慕名前来学习交流，常常会不约而同地提出同一个问题，"我们台的主持人能做达人吗?"这个问题确实不是三言两语能说明白的，芒果 MCN 孵化了不少主持人的账号，也帮一些歌手、演员运营过短视频社交账号，有成功的，也有失败的。而放眼几大短视频平台，不论是泛娱乐赛道，还是更细分的垂类赛道，都不乏主持人转型达人的身影，也有跻身头部行列的，比如涂磊、王小骞、王芳等。

　　在大家的常规观念里，主持人比素人有着更加出众的形象气质、表达能力、镜头感。但要说主持人做达人，是不是非常简单，乃至降维打击?答案可就不一定了。但最初，我们也没完全想明白这其中的门道，踩了不少坑。

自救：电视媒体的生存突围

时间回到 2018 年，彼时内容流量已经从长视频平台，转移到了以抖音、快手为代表的竖屏短视频平台，创作门槛大大降低，内容制造商也从擅长 PGC 内容的传媒公司，转变为大量的 UGC 达人和 MCN 机构，才艺类、颜值类的草根达人大行其道，诞生了一批吃透早期流量红利的初代网红。但面对这股来势汹汹的新潮流，以及蕴藏其中的巨大商机，传统媒体人却所知甚少。

我们最初孵化达人账号时，便将目光瞄准了台里的主持人群体，但进展却并不顺利，大多数主持人手机里都没下载过短视频 APP，更不认识平台上的网红们。有的直接拒绝，认为太粗俗无聊；有的则持观望态度，不愿轻易下场。犹记得当时有人真诚发问，做新媒体能赚钱吗？

后来终于碰到一些感兴趣、愿意尝试的主持人，可一聊到账号具体怎么做，便陷入瓶颈，他们常会说同一句话，"你们想要做什么，我都能演出来"。老实说，这句话其实是我们最怕听到的，因为做主持人跟做达人，其实有着天壤之别。

主持人之于节目，与达人之于账号，二者的定位是完全不一样的。以往做一档节目，往往是先有创意，产出策划，再开始物色合适的主持人跟嘉宾。主持人起到的是穿针引线的作用，他需要理解导演组的意图，消化吸收台本内容，再恰如其分地表现出来。在这个既定框架下，大部分常规节目能给到主持人自由发挥的空间，并不会太多。

而从电视端到手机端，屏幕变小，但出镜人的占比却大大提高。到短视频时代，人人都可以是创作者，都可以输出自己的才华和观点。用户关注、追随的也是账号中"真实的人"，因此达人的性格、特色、观点必须足够清晰鲜明，才能让用户记得住。内容成为了塑造"人设"的方法手段，人设不会轻易改变，但题材、形式却可以灵活变化，没

有最好，只有最合适的。

所以，达人首先要清楚知道自己擅长什么，喜欢什么，机构才能根据他的个性特质，来帮他规划定位、形式、内容等。

在历经了一轮轮的接触、沟通、筛选后，功夫不负有心人，我们终于找到了合适的人选，她就是湖南卫视知名主持人张丹丹。丹姐做了很多年新闻、访谈类节目的主持人，后来又自己成立团队担任制片人，恰巧我们分管领导曾在她团队做执行制片人，他们共事多年，非常熟络，便介绍我们认识，开启了这次合作。

丹姐不仅在工作中非常敬业优秀，生活中也是力求做到最好。她是两个小孩的妈妈，平时对于孩子的教育，从来都是亲力亲为，投入了大量的时间精力。这些年来，针对各种亲子教育中的问题、烦恼，丹姐积累了丰厚的专业知识，沉淀了大量的干货、方法论。

丹姐也很喜欢看书，尤其重视孩子的阅读，她家里给孩子看的绘本，就有几百上千本。随便从书架上抽出一本，丹姐都能就这本书的作者、出版社、主题内容、适合几岁小孩阅读等等话题，讲得头头是道。除了关注自己的孩子，丹姐也很愿意将经验方法分享给周围的同事朋友。我们领导曾开玩笑说，他们团队只要有人生了小孩，一定会收到丹姐送的各种童书绘本。当我们讨论账号的定位时，丹姐始终强调她作为媒体人的责任感和使命感，她希望通过自己的内容输出，帮助更多的家长少走弯路，科学育儿。

我记得第一次录制是在马栏山旁边的月湖公园，我们找了一个户外的咖啡馆，现场并没有布置复杂的场景、灯光，丹姐化了淡妆，身穿休闲运动装，比以往电视节目上端庄大气的形象要显得平易近人很多。这其实是我们刻意为之，我们希望让观众看到丹姐生活中鲜为人知的一面，拉近距离。

2019 年 4 月 28 日，账号正式上线，名字就叫"张丹丹的育儿经"。在这个账号里，丹姐呈现给用户的并非她主持人的职业展现，而是一个经验丰富的二胎宝妈，教大家巧妙解决育儿烦恼。

那时我们团队小伙伴都很年轻，基本没有做过传统的电视节目，但胜在有网感，对新鲜事物的感知强烈，能很快捕捉到平台的风向趋势。在我们跟丹姐的合作过程中，团队主要负责账号的制作、运营、投放、商业化，每天会搜寻用户感兴趣的话题方向给到丹姐，她筛选过滤后，从中挑出合适的选题，再做专业的内容输出。针对用户的问题或痛点，丹姐并不喜欢灌输理论知识，而是通过浅显易懂的话语，直接教会大家解决问题的实用办法。那一年，抖音平台逐渐出现了更多细分的垂直内容，也诞生了一些专业性更强的 KOL，丹姐算是最早一批入局垂类赛道的主持人。

刚开始，我们基本要做到日更，每条视频的发布时间是在晚上

18点，那时正值大部分用户下课或者下班，属于流量高峰期。但发布后，头两三个小时的数据都跑得比较慢。然后我开始分析流量的波动曲线，发现丹姐的视频往往是在晚上22点后和早上6点左右出现流量高峰。当时我还觉得奇怪，以为数据出了问题，转念一想才意识到，关注丹姐账号的普遍是宝妈群体，跟一般用户的观看时间并不一致！她们白天忙着工作或者育儿，晚上只有等小孩睡着了，才有自己的时间，可以喘口气刷刷短视频，早上小孩醒得早，她们也得跟着早起。而我们团队的年轻小伙伴们，大多未婚未育，所以很难在第一时间意识到这其中的差异性。之后我们往后推迟了发布时间，起量果然更快了。

经过一段时间的磨合，凭借丹姐出色的表达跟过硬的专业内容，以及团队对于用户群体需求的精准把控，"张丹丹的育儿经"这个账号很快成为了母婴行业的头部账号，从点赞到粉丝的转化，一度高达二分之一，而且粉丝黏性非常强。

除了通过短视频形式吸引粉丝，我们也跟丹姐沟通，尝试开通直播，跟粉丝进行更多的交流。当时考虑到宝妈粉丝群体的作息，我们第一场直播是在早上8点钟，一开播就涌进了将近两千名粉丝，评论区里大家提出了各种各样的育儿问题，丹姐聊得不亦乐乎。此后，定期直播成为了丹姐账号的固定环节。随着粉丝量越来越大，粉丝粘性的增强，"张丹丹的育儿经"的商业价值也愈发凸显，不仅接到了很多品牌广告，短视频带货跟直播带货的数据都十分亮眼，这个账号也成为了母婴育儿赛道的头部之一。

除了张丹丹，我们还陆续签约合作了其他主持人，大家的个性、生活都有自己的独特之处，所以账号定位也会不一样，有做剧情的，也有做穿搭、健身类的。回到本文开头的问题，主持人做达人是降维打击吗？当然不是。主持人不等同于达人，主持人只是一个职业背景，并不建议将主持人群体视作一个统一的标签，用程式化的方式去打造他们。每个主持人都是一个独立个体，抛开这层职业身份，他真正热爱什么，擅长什么，才是他能不能做达人的关键所在。

在短视频平台兴起的头两年，红人的生命周期能延续一年以上，但随着越来越多创作者和专业机构的涌入，内容类型持续饱和，用户的注意力被迅速瓜分，到 2020 年，80% 以上的账号"红"不过三个月，持续增粉状态能超过半年的账号是少之又少，行业内卷已经十分严重。但符合人性的内容永远是用户需要的，专业性、表达欲、观众缘是成为优质达人的准入门槛，如果敢于突破自我，坚持学习，不断迭代与进化，那么穿越时间周期，成为真正的 IP，并非完全不可能的事。

Chapter 5

媒体 MCN
的破局
之路

谈了这么多 MCN，这几年 MCN 的中国化的确是一篇精彩的大文章，是远远超出原有定义的宏大叙事。从某种意义上来说，MCN 没有标准，它在融合实践中不断进化出不同的特色版本，它的产业内涵极其丰富，需要不断地重新定义并修正。从"湖南娱乐 MCN"到"芒果 MCN"，我越来越清晰地认识到我们正在做的事，准确来说，可谓之"媒体 MCN"。

给"媒体 MCN"一个名词解释

　　网络不乏对"MCN"的解读，却没有一个对"媒体 MCN"的名词解释。究竟什么是媒体MCN？它与市场化 MCN 又有什么不一样？

　　了解媒体 MCN 之前，首先来解读一下"MCN 机构"，Multi-Channel Netowrk，直译为多频道网络，简单来说，MCN 机构可以用"四个多"来概括，即**多账号，多平台，多内容，多主体**。一个账号分发多个平台，一个平台开设多个账号，这种矩阵式的布局是 MCN以账号 IP 为产品，互联网信息娱乐平台为渠道的必然选择。多内容，指的是一个 MCN 机构会尽可能地涉足多样化的内容领域，避免单一赛道布局带来的经营风险。多主体，指的是账号所有者权益层面，在 MCN 机构中一定是多个个人账号和机构账号兼而有之的局面。账号资产，决定了最终的商业权属，无疑是 MCN 运营的关键核心，自有账号主体的比例某种程度上也会决定 MCN 机构的经营特色。

目前各平台的媒体 MCN 机构均为传统新闻媒体单位，具有新闻采编播发的资质，在各互联网平台上拥有认证的蓝 V 媒体号。但并非所有开设媒体号的主体都是媒体 MCN，作为媒体 MCN，除开在各互联网平台上拥有认证的蓝 V 媒体号外，媒体产品体系还需符合"以多内容渠道进行网络分发"这一基本属性。

其实聚合起来理解，今天媒体 MCN 的形态就相当于过去开了 N 个栏目的传统电视台，核心业务逻辑与传统电视的运作模式基本类似，账号就是栏目，合作的达人就是主持人、节目嘉宾，而账号商业化则取决于内容持续输出的效果，相当于电视栏目的内容营销。

结合市场现状，我认为可以这样来定义媒体 MCN，即在多个互联网平台上拥有多个类型账号矩阵，并具有采编播发资质的传媒机构。从上面两个维度抽象出来看，媒体 MCN 就是传统电视媒体在移动互联网场景下的再生版本。商业化平台提供了基础用户网络，类似于有线电视网。媒体开设账号，类似于开通了一套节目频率。如果说有什么不同，则是账号相对于频道，直观上有些像一群蚂蚁和一头大象，而互联网平台也比有线电视网的掌控力更强大。

从产业结构上来分析，媒体 MCN 作为媒体产品终端服务商的性质没有改变，改变的只不过是整个链条上的互动关系，毫不避讳地说，只是相对于用户平台，单个媒体的账号初始权重下降，丧失了在信息供应链上的对话优势。

媒体 MCN 参与市场化竞争的优势和劣势

冠上了"媒体 MCN"的名头，并不意味着天然就有了市场竞争的护身符或保护券，事实上，在与市场化 MCN 的竞争中，媒体 MCN 固然仍有一部分血统上的先天优势，但自身基因所带来的劣势也不容忽视。新媒体的竞争不进则退，不清醒认识到这一点，下半场的战很难打。

从芒果 MCN 几年的探索之路出发，我认为媒体 MCN 要建立竞争门槛，还得从自身优势出发，以好内容为抓手，建设账号产品矩阵，并对标市场的先进组织经验和运营模式。

一是发挥内容创作服务优势。媒体 MCN 的核心优势在于多年在传媒领域内容创作服务上的积累，这里面包括了对内容能力的把握、创意上的经验、优秀人才的吸引等；但是这种内容创作理念到短视频领域需要基于产品思维、流量运营和用户视角来做调整，基于互联网模式做经营、产品、组织上的重构。

二是发挥行业资源优势。媒体 MCN 可以充分发挥自身的资源优势，包括知名主持人、名人等资源上的积累以及媒体公信力。从芒果

以好内容为抓手，建设账号产品矩阵，并对标市场的先进组织经验和运营模式。

MCN 的自身实践结果来看，主持人、名人在自身专业素质、本身具备的影响力等方面使其具备成为优秀达人 / 主播的潜力，芒果 MCN 在帮助服务张丹丹、王燕、刘梦娜、马可等一批广电主持人转型上都成效显著。

同时，媒体 MCN 也有其劣势所在，主要体现在以下两点：

一是受制于广电传统运营方式的束缚。原有体制和经营模式根深蒂固，在转型短视频账号运营、经营上往往"包袱"太重。然而 MCN 是完全区别于传统广电行业的互联网流量运营逻辑，需要从组织、运营、经营上进行重构，如没有"打破"的动力和魄力，媒体 MCN 难以参与到这块市场竞争中去。

在转型之初，我们意识到短视频业务客户与我们传统省级地面频道电视业务客户的资源和渠道重合度其实很低，短视频业务是全国性的市场竞争，同时客户资源多数聚焦在数字营销公司手中，这是由短视频业务"个体化"和"碎片化"特性决定的。基于此我们果断重新搭建了匹配的商务团队，并与内容、运营团队融合组成独立的业务线，专门做短视频业务的商业化运营和资源开拓。

二是资源配置上的劣势。广电 MCN 的优势资源大多在内容版块，在探索基于短视频账号的商业化变现渠道、变现模式上，人才配置、商业资源难以快速跟上。

找到自身的优势所在，再去弥补劣势的不足，才能长久地走出一条新的发展之路。

发展之路：签人、做号、变现

分析过媒体 MCN 的优势及劣势，很显然，当前媒体 MCN 所普遍面临的难题："变现难"及"小而美的发展困境"摆在了面前。如何突破变现发展瓶颈？媒体 MCN 业务发展的最优路径是什么？此前，德外 5 号曾就这个问题对我进行过采访。这里我将我的回答呈上，可作为我对媒体 MCN 业务逻辑的一个解答。

「问」：大多数广电媒体的融媒体账号中仍以媒体品牌号、内容品牌号为主，而芒果 MCN 旗下的人设号占比高达 86%。可否跟我们具体聊一聊这背后基于怎样的市场认知及对媒体 MCN 业务逻辑的思考？

「答」：在短视频生态中，MCN 的主要类型有内容型、电商型和娱乐型，各自有非常清晰的商业化路径和运营模式，也因为底层流量逻辑趋同而形成了相互业务渗透、业态混合的混合型 MCN。各类型机构能在市场立足主要基于自身的核心优势和资源禀赋，我们也是根据自身的媒体特性及优势，在实践中将芒果 MCN 的发展方向明确定位为内容型的媒体 MCN，致力打造生活方式新媒体，基本商业模式是以"人设账号"为产品搭建传播矩阵，以短视频创作者为核心要素，撬动影响达人账号背后的用户人群，形成签人、做号、变现这三个基本专业模块的业务模型。

媒体品牌号、内容品牌号可以统一归纳为内容号，与人设号的区别在于账号是否以"人"为依托来开设。人设号是短视频 MCN 机构的主流产品形态。以芒果 MCN 为代表的媒体 MCN 机构以"人设账号"作为主要产品，这符合"人人皆媒体"的自媒体时代的发展趋势，将传播话语权下放到个人，达人（主播）成为传播链条中越来越关键角色的必然选择。

因此在视频化社交媒体平台上，芒果 MCN 适应以"关系"为核心的新媒体传播规律，打造人设账号，获得互联网流量影响力，建构新的媒体商业化模式。相较于内容账号，人设账号的变现模式更加多元，从市场来看，人设账号可以延伸到广告、电商、直播打赏、知识付费、达人经纪等商业模式。

而内容账号很容易呈现有流量无变现的情况，需要不断坚守才能摸索出一条适合自身路径的商业化模式。业内目前看到一个比较成功的案例——"四川观察"在 2022 年初推行公司化运营后，走出了一条政务类 MCN 的创新之路，营收规模近亿，盈利能力达到行业较高水平。

自孵化人设账号而不是外签人设账号，是必然的选择。

「问」：关于人设账号的孵化与商业化，对于媒体 MCN 来说一直是一个进退两难的事情，从芒果 MCN 实践的角度看，媒体 MCN 与市场化 MCN 的运作逻辑有怎样的差异？

「答」：人设账号的孵化与商业化只有进没有退，因为这是媒体 MCN 参与市场竞争必须要去面对和解决的产品问题。

一般来说达人账号的自孵化能力，决定了 MCN 机构发展的天花板。签人、做号、变现这三个基本专业模块组成了 MCN 的业务体系，其中有两个模块能够在市场中位居前列，就能获得相对长的稳定发展机会。

市场竞争之下，决定着媒体 MCN 的打法最终会倾向于自身的资源禀赋和内容基因，因此自孵化人设账号而不是外签人设账号，是必然的选择。一方面源于商业利益的最大化考虑，另一方面是因为媒体自身的宣传职能，需要在账号的定位和内容传播上保持控制力。

媒体 MCN 不应将自己与市场化 MCN 划分为对立绝缘关系，而是应该适应市场化趋势，全面参与市场竞争，并学习市场机构优秀的运营、经营、组织经验。

从产品角度，媒体 MCN 区别于市场 MCN 机构的逻辑在于，我们更强调做"人设账号"，而不是直接以打造"达人产品"为基本目的。虽然都拥有自己的网红达人，但是媒体 MCN 以"人设账号"为产品，是一种内容经纪，且由于传统媒体的价值属性，媒体 MCN 需对账号的定位和发展进行规范和引导，因此更加强调的是账号的品牌价值和商业价值，而非围绕账号达人去构建商业模式。

市场 MCN 机构呈现商业模式的多元化，除种草广告之外，增加了直接打赏、电商和知识付费等多元化盈利手段。芒果 MCN 已经形成了以账号接广告为主要盈利手段的产业闭环，在这样的价值链路中，好的内容吸引关注，最终转化为可销售的流量资源，以账号刊例面向广告市场。

破局，在于"打碎"与"聚合"

CTR 相关调查发现，在广告主的预算结构里，大部分广告主对于广电新媒体投放预算的分配已经纳入互联网投放的整体预算里，不再将其作为广电大屏媒体的附属渠道，这对媒体 MCN 来说似乎是一个利好，但其实也是市场发展的必然，在信息技术的驱动下，短视频崛起并占领了绝大部分的用户时长，已然成为当前信息传播的基础设施。广电新媒体面临的竞争格局不再是广电行业内的竞争，而是全国性的市场竞争，是与大大小小的市场机构、自媒体创作者的竞争。媒体 MCN 需要放下身段、认清大势，参与到这个完全竞争化的市场中，只有拥有足够多新媒体资源和渠道优势的广电机构才能抢占更多的市场份额。

前面提到媒体 MCN 常常面临的"小而美"的困境，媒体 MCN 的

平台化的创新和重构，可通过数字化技术手段来建立行业基础设施。

产品"人设账号"具有较强的个性化特质，难以批量复制，因此必须有足够多的特定岗位来为达人账号服务。单个机构不可能在人员规模上做无限扩张，产品规模的增长空间是有限的，所以大多数机构停留在"小而美"的层面。因此，**媒体 MCN 想要发展壮大，通过建立商业层面媒体联盟、通过数字化技术手段实现平台化组织是最佳模式之一。**平台化的创新和重构，主要是通过建立商业层面的**媒体联盟**。媒体联盟是指多个媒体 MCN 或其他形式的媒体公司建立互相合作的关系，共同在商业层面进行协作，实现资源共享、业务互补、风险分担等目标。平台化的创新和重构，可通过数字化技术手段来建立行业基础设施。单个 MCN 机构的规模发展受内容生产力的制约，内容生产力的提升则取决于信息技术的应用水平。

芒果 MCN 基于新形势下市场对内容的需求及媒体深度融合发展而打造了短视频内容生产制作平台"飞黄"，飞黄平台一边网罗大量创作者入驻，包含摄像、后期、编导、配音、演员等基于短视频全链路的生产要素岗位；一边拓展市场客户（MCN 机构、传媒公司、工作室）入驻，形成撮合短视频内容生产制作双边交易的平台。

芒果 MCN：电视媒体的自救之道

放眼未来，媒体 MCN 作为媒体融合轻量化转型路径之一，该如何看待它的发展前景与破局思路？总结来说，我觉得可以从这样一句话来概括——**谁先打碎谁先赢，谁先聚合谁先强**。

媒体 MCN 是否有发展前景的前提在于自身的转型是否彻底，破局思路在于"打碎"和"聚合"。打碎是产品形态的市场要求，而聚合则是组织发展的空间需要，以适应数字时代对内容供应链效率的竞争要求。不破不立，也就是这个道理！

"打碎"是指广电 MCN 的组织、运营、商业模式上都需进行重构，以适应基于互联网生态的市场竞争。"聚合"是指广电 MCN 需要积极参与到建立联盟组织中，单个 MCN 的规模体量有限，个体的资源禀赋差异很大，只有抱团，才能实现规模效益最大化以及资源使用的互补。

媒体融合，对传统电视人来说是一场拆解到像素级别的认知革命。摒弃长视频时代的生产思想，短视频领域内容供给方必然会来到柔性生产的时代。

Chapter 6
芒果MCN发展的媒体逻辑和商业模式

媒体融合，对传统电视人来说是一场拆解到像素级别的认知革命。建设新型主流媒体的基本指向是既要具有与生俱来的媒体价值，又要体现与时并进的媒体能力，相对于新兴传播平台的打造，其具体形态和运营模式并不明朗，总体上来说仍然处于不断持续演化的探索阶段。

作为湖南广播电视集团（台）下属的地面电视媒体，湖南娱乐频道具有独立事业法人身份，又拥有一体化运营的市场化公司，被上级赋予了比较大的改革和发展自主权。2019年初，互联网的传播格局呈现视频化的趋势，我们果断选择全面转型进入 MCN 行业，四年来持续迭代打造芒果 MCN，推动媒体融合发展进入了一个新的阶段。一方面，伴随着中国MCN 行业的迅速壮大，我们对标市场同行，学会了在移动互联网渠道做短视频内容产品。芒果 MCN 已经连续四年实现了经济效益的大幅增长，形成了一个新的产品、运营和商业化体系。因此单从生存层面而言，湖南娱乐频道转战互联网阵地获得了初步成功。但另一方面，MCN 机构越来越泛化，尤其是被新冠疫情催发的直播电商，被大部分人认为是 MCN 理所当然的经营主业，商品、销售、供应链等非内容要素不断融入，经济特质越来越强，造就了数

　　　　　　　　　　　　自救：电视媒体的生存突围

量庞大，经纪、演艺、电商、营销、内容等多种形态并存的行业生态。在这样多元竞争、多业并举的模糊状态中，我们绝不可以为市场表象所迷惑，以经济效益为导向盲目跟风社会化公司的发展模式。回到媒体视角，我们看到媒体 MCN 应运而生在一个新的视频化传播周期。信息技术发展推动了媒体功能泛化，人人都是自媒体，早已解构了原来新闻媒体的单一供给模式，也重构了一种多种主体并存的新媒体秩序。我们不得不承认，原有的新闻媒体单位需要与社会化力量共享媒体服务的市场，也必须消除与社会化媒体对立的情绪，在新的传播体系中重新确立国有媒体领导者的角色和责任。在这样的历史进程中，结合媒介经济的新趋势、新特性，我们要主动思考党媒身份在 MCN 道路上存在的意义以及如何履职担责。

媒体 MCN 不是网红孵化机构

在商业生存竞争之外，我反复强调的是，媒体 MCN 自身的媒体属性和核心价值。

很显然，在海量需求对应海量生产的信息消费时代，任何一个专业的泛资讯内容生产单位都不可能和数以千万计的用户去 PK 内容创意。换句话说，在媒体领域集中生产的努力已经不被稀释的注意力奖赏。或者说，奖赏的时效性太短。如果只是沿袭过去的媒体内容生产组织模式，媒体 MCN 全面参与市场竞争的前景并不光明，更难以复现传统媒体时代的利润光芒。

由此，媒体 MCN 必须抛弃原生电视生态的运行规律，认真研究自媒体碎片化场景下的资源配置方式，通过组织社会化的内容生产，从单一媒体产品的供应商转变为多个媒体产品的品牌运营商。这一认识来自于业务场景下对达人账号媒体属性的理解。

尽管我们从一开始就对标市场上的头部MCN机构，不假思索地签约各类达人，但由于沟通成本很高，签约达人早期利用率很低，因此一直是依靠自己生产的账号支撑着业务链路完善，并且采取的发展策略也是通过扩大自己的账号规模来提升经济规模。跑到第四年，我们对短视频传播生态的各个维度有了更深刻的认识，回过头来看签约内容达人这件事情，不再停留在经济操作层面，而是从媒体视角把它理解为一个又一个的自媒体单位，从而有了新的启发和思考。

作为媒体 MCN，我们意识到除了拥有机构自己的媒体账号之外，签约的自媒体矩阵其实已经成为我们实现媒体功能的重要组成部分。因此在 2021 年，芒果 MCN 多次尝试策划议程设置，组织和发动机构达人来完成重大主题宣传任务，最近我们又和湖南本地的县市政府合作，实施了一波又一波的城市推介宣传，都取得了意想不到的效果。

媒体 MCN 以合作签约的形式，连接大量

信息技术发展推动了媒体功能泛化，人人都是自媒体。

的外部内容创作者，事实上构成了一种"机构媒体 + 个人媒体"的混合媒体形态，具有"四全媒体"的基本特征，从商业模式上拓展了经营空间，符合未来企业组织管理走向平台化的趋势，开创了一种新型主流媒体的组织形式。

值得注意的是，在移动互联网时代，人格化传播的效率使得网红主播大量涌现，诞生了收益巨大的网红经济模式，也造就了一批拥有头部网红的 MCN 公司。我始终认为，媒体 MCN 不是网红孵化机构，也不是网红经纪公司，更不是直播电商企业。只有"内容"输出的注意力价值，才是媒体 MCN 的经营价值，只有提供内容的"帐号"才是媒体 MCN 的核心产品，而不是网红，也不是主持人，这是我们坚持认为媒体 MCN 与其他类型 MCN 机构的根本区别。

媒体 MCN 商业化的最优解还是广告

MCN 是短视频生态中的一部分，在整个产业结构中具有比较明确的"内容变现"职能，能不能打通商业链路，并能稳定实现收益决定了一家 MCN 机构的生死存亡。目前抖音、快手等大型短视频平台，已经构建了完整的商业模式，在品、效、销多个方向为 MCN 机构提供了相对成熟的运营工具和服务体系。市场各类 MCN 机构根据各自禀赋，选择不同的变现方式，娱乐和游戏公司会依赖于直播打赏，电商 MCN 服务于 GMV，内容营销型 MCN 走广告路线，而经纪型公司重点在于网红 IP 的全产业开发。

那么，媒体 MCN 商业化的选择是什么？

目前全球超过 3 万家 MCN 机构，其中有不少是媒体 MCN。例如，"时代华纳公司"和"道琼斯公司"等传统媒体公司，早已开始探索媒体 MCN 的商业化发展道路。近几年，国内大部分广电机构或浅或深地选择 MCN 模式进入短视频领域。从 2019 年开始，我们以湖南娱乐频道为基础，打造生活方式新媒体——芒果 MCN，在不同维度尝试了各种不同类型的短视频业务，有坚持，也有放弃；有成功，更有失败。在全面参与市场竞争的过程中，我们深入了解传播规律和产品模式，建构媒体 MCN 发展的底层模型。我认为，归根结底，经济效益取决于我们在传播生态中的价值方位。不管媒介如何变化，媒体的经营落点自始至终在于注意力价值，是典型的眼球经济，在互联网渠道上体现为通行的"流量"价值。用户流量可以说是互联网的经济货币，也是衡量传播价值的基本单位。创造内容流量并保持稳定持续的供给，媒体 MCN 才拥有传播力、影响力、引导力的基本盘，流量规模越大，塑造公信力的基础就越好，品牌价值也就越大。从商业层面来说，媒体 MCN 的价值大小就在于在互联网平台上形成了多少属于自己的内容流量资产。

经济效益取决于我们在传播生态中的价值方位。

互联网流量的商业化变现途径多元，链路通畅，从公域到私域，从流量经营延伸到用户经营，从广告声量到产品销量，各种营销新概念、新模式层出不穷，各种成功案例展现得淋漓尽致。在尝试和深入了解多种商业模式之后，我们认为**媒体 MCN 商业化的最优解仍然要锁定在我们熟悉和擅长的广告营销领域**。

为什么这么说呢？因为广告是互联网行业最大的盈利方式。广告行业有一个说法，即互联网本质上就是一个媒体，所以我们就不难理解为什么广告收入会在阿里、京东这些非内容平台的收入结构中占据了很大比例。抖音、快手、小红书等短视频内容平台走向商业化后，无一例外首先要打通广告变现链路，为内容创作者提供与广告主的交易工具，建立由平台主导，账号流量主和广告主双向选择的营销市场。

媒体MCN的商业本质是内容流量运营商。

媒体 MCN 等于把门店建在了别人家的商场，必须遵从于商场管理者制订的游戏规则，但因为门店拥有独立的内部空间，仍然可以吸引商场公共空间里的顾客进店消费。因此，媒体 MCN 尽管丧失了过去的广告版面，但由于保留了内容版面，在新的经营体系里仍然具有账号内的内容营销空间。毫无疑问，媒体 MCN 的内容流量属性，决定了账号最简单、最直接，也最容易被执行的变现方式仍然还是来自于广告客户端的营销投放。

媒体 MCN 不需要局限于单一的流量变现模式，但是，**媒体经济属性和传播价值决定了自己的经营边界。**如果需要改变，也是在广告营销这个维度体系里的组织创新、形态创新或者技术带来的效率提升，而不是转换到其他领域，那往往意味着进入另外一个行业。

把握内容流量经营的本质

当前短视频平台上火热的直播带货和直播打赏本质上不是媒体经济行为。技术打破了线上边界，信息流动跨越了功能分明的领地，小小屏幕融合了用户多样化的欲求入口。直播电商汹涌而来，作为一种高效率产出渠道卷进了大量商品和服务资源，也造就了大主播的销售奇迹。电视台的主持人，顶着公信力的光环纷纷下场，仗着平台流量扶持的东风效果立现。在这样悬浮和喧嚣的氛围里，或许是电视购物的参考，又或许是电视广告的无力，媒体 MCN 被许多广电同行寄予直播带货的重要属性和转型指向，我们就时常会被问到今天又卖了多少货。

事实上，媒体 MCN 的商业本质是内容流量运营商，一切变现的起点都来自于相对付费更加便宜的流量获取能力。过滤掉明星跑直播间的非常规行为以及平台的短期运营策略，我们可以理解直播电商的人货场的运营逻辑，货是最重要的竞争维度，直播间只是流通渠道。一旦直播间的购买转化率打出模型，使用付费流量效率会更高，因此直播电商显然属于电商思维的成分多，依赖内容流量的成分少。当然，不是说媒体 MCN 的主播、主持人不能做直播带货，而是说直播带货在整个商业链路中只能是一种流量变现的方式，而不能脱离短视频内容价值规律这一基本运行轨道。如果媒体 MCN 以直播电商作为主要的商业模式，实际上比拼的将是商品供应链、投流、直播间运营，这些竞争要素既不在电视人的经验里，也不在电视人的资源体系中，更脱离了媒体融合发展的方向。

沿着直播电商的产业链条，培训、直播基地、产品开发等商业延伸逻辑带来了更多的可能性，同时刺激了很多电视同行的文学想象力。实事求是地说，这些延伸空间对我们来说都属于跨界打劫，贸然闯入撞得头破血流是大概率事件。

至于直播打赏，来源于相对古老的"秀场直播"行业，尽管有一定的娱乐表演内容，但不是媒体属性，也不体现内容价值。因此要提请注意，**越是业态边界模糊，越要厘清自己的边界，越是渠道多元融**

合，越要消除经营的多元化。

特别需要强调的是，媒体 MCN 根植于流量逻辑的商业模式必然受制于流量规律，但我们不能一味屈从于庸俗的流量经营。为博眼球，吸引关注，可以说毒流量、俗流量一度横行一时，也造成了很多 MCN 机构为了商业利益，迎合甚至主动追逐所谓的"流量密码"。

在这样的舆论战场里，媒体 MCN 要主动担当，守正创新，牢牢把握初心使命，积极做强正流量，放大正能量。芒果 MCN 主要从意识、技术、制度三个层面出发，积极参与构建绿色流量生态。**一是提升机构全员的思想认识水平和媒体责任意识**。让主持人、签约达人、主创人员加强对流量本质的认识，自觉建立甄别意识；**二是利用技术手段提升内容质量把握能力**。新媒体内容多账号、碎片化、强互动的特性对内容导向审核提出了全新的挑战。芒果 MCN 开发了自己的"内容风控系统"，从热点舆情监测、线上三审、技术隔离等多重维度上形成了数字化操作流程，掌握了把关主动权；**三是用激励制度和文化鼓励优质内容产出**。比如芒果 MCN 编委会专门设立"内容质量奖"，每个月对原创优秀内容作品进行鼓励，树立正确的内容创作理念。

四年来在对标市场学习的过程中，我们的团队在压力之下也曾有过一段时间轻宣传重市场、轻效益重收益的倾向。今天我们意识到，媒体 MCN 必然要承担公共媒体服务提供者的责任和使命，坚持把社会效益放在首位，社会与经济效益双体现。这一点，与市场化 MCN 公司的运营属性截然不同。

变革内容生产方式，迎接未来挑战

在媒体内容生产要素的配置层面，对于过去而言，谁先打碎谁先赢，就未来展望，谁先聚合谁先强。打碎是产品形态的市场要求，而聚合则是组织发展的空间需要，以适应数字时代对内容供应链效率的竞争要求。

MCN 在产业结构所处的位置相对于短视频平台来说属于账号供应商范畴，再往上游走，是创作者、技术、场地、设备、道具、妆发等服务商构成了 MCN 机构的生产供应链。未来短视频内容的生产门槛还会越来越低，个人化、个性化表达将成为主流趋势，需求端也是越来越碎片化、个性化。对于媒体 MCN 机构来说，供需两端的变化实际上推导不出按工业化模式组织大规模生产的可能性，或者经济角度而言是很难形成集中式生产的运营效率。

抛弃长视频时代的生产思想，短视频领域内容供给侧必然会来到柔性生产的时代。这样的形态变化，提醒了我们两件事情，**第一是在商业模式上，未来媒体 MCN 不能选择一直停留在自己做内容生产的基本角色上**，这个最大化努力的结果顶多是一个小而美的制作公司。我们需要把自己变成一个专门为内容创作者服务的机构，将"内容创作"要素通过市场研究、用户分析等数据及时化处理，萃取加工成泛信息化产品，打造新的媒体聚合品牌并实现商业闭环。**第二就是在内容生产力的供应链控制上，未来我们需要达到一定程度的社会化生产组织能力。**目前一些内容公司基于自己的实际需求在组织架构、运行机制上来优化自己的生产体系，好一点已经开发了专门的内容外包工具。总的来说，整个行业的注意力集中在账号产品、营销项目、达人主播资源开发等表象竞争层面，**深层次上看未来一定是新技术加持的内容生产力模式比拼，**可以预见短视频生产力会面临一场影响深远的变革，芒果 MCN 必须利用长沙作为传统视频生产要素集中的产业环境优势，把握住新的发展动向，为适应下一阶段的竞争要求做好准备。

毋庸置疑，内容生产力取决于信息技术和视频技术的应用水平。在这个维度上我们深感自己数字技术能力的不足，甚至我们的团队对新技术如何融入自己的业务和工作还缺乏清晰感知。近两年来，我们坚持以信息技术为驱动力，重新构建数字化的内容生产基础设施，这里面包含了四个组成部分：一是实现内容产品研发的流程线上化和算法沉淀；二是建立了以签约内容达人为主体的创作者联盟；三是逐步完善生产资源线上仓库，建设响应及时的制片中台；四是依照"时度效"的要求，将舆情监测、热点把控、账号动态、内容审核等宣传运营动作置入数字 ERP 系统，提升资讯内容管理效率。

数字化内容生产基础设施建设不是我们过去内容生产原理、理念的照搬，而是**基于数字世界运行逻辑的反射，**我们致力于利用技术手段来塑造新的组织生产模式，连接更多的创作

内容生产力取决于信息技术和视频技术的应用水平。

资源，提升创意和生产资源配置的效率，**以满足大规模订制的内容市场需求。**在我们的设计构想中，它最终呈现是一个技术系统，可自动化运行的数字程序应用。它是一个产品化的开发过程，一个从工具开始，不断演化成长的平台化组织模式。其根本宗旨，就是用信息技术的手段，实现短视频内容生产力的革命性突破，以适应数字经济加速发展的要求。

四年摸爬滚打让我们深刻认识到，**芒果 MCN 的健康发展取决于我们能否坚持媒体价值方向，取决于我们自身内容创造力和技术应用力，更取决于我们对组织体系建设的价值判断和文化选择。**面对新的变局，我们始终要以人为本去驱动和迎接变革。新传媒经济的发展与传统媒体产业有不同的路径，最核心的特点是，这种经济以人为本，以人的创造性和对市场的追求为原动力。在这种情况下，媒体 MCN 就要站在人的制高点价值去理解机构的作用。尽管从账号产品上来看，机构主体和个人似乎是一种并行关系，但深刻理解机构账号背后创作者"人"的因素，MCN 机构其实是，也必然是服务于"创作者"的从属地位，它的价值就在于它为内容创作者发挥才干提供了多大的平台化支持。理解这样的底层关系，有助于我们理解新经济时代媒体组织的变化，媒体经济的本质以及商业发展的目标指向，从而为我们坚持媒体本位，推进深度融合发展带来基本的判断标准。

媒体 MCN 不会被坐而论道淘汰，只会在过时的认知和对世界变化的漠不关心中死去。

Chapter 7

要持续赚钱？
首先要搞清
产品逻辑

总结一下，媒体 MCN 是指在新媒体时代媒体机构通过与优质达人合作，建立创造内容和流量的人设账号，从而实现粉丝变现和收入的一种商业模式。媒体价值毫无疑问来自于传播影响力，传统的商业化变现无不遵循着"二次销售"的模式，广告是主要的收入来源。

　　由于数字渠道融合了信息分发，并提升了多场景链接的效率，MCN 机构丰富了商业化的层次，种草广告之外，增加了直接打赏、电商和知识付费等多元化盈利手段。每一种盈利方式的拓展，背后本质上是相关资源要素的优化重组，而最重要的是组织化的产品体系，能不能达到传播价值的输出效率，看似简单的流量变现流程，每一步其实都是认知的坑。

　　很多传统广电的同行在做短视频账号的过程中，下意识会将单条短视频的创作等同于传统内容产品中的 电视商业广告（简称 TVC），把单纯追求创作所谓的"爆款"当作业务重心。尽管也能创作出许多单条高播放量的短视频内容，但却难以在财务层面平衡账号的投入产出比（简称 ROL）。爆款的确可能让你增加流量和粉丝，但这并不意味着就能实现商业的稳定变现，这里有认知的误区要强调指出，**MCN 的核心竞争力是优质内容生产能力及运营能力，媒体 MCN 的产品是账号，而不是短视频内容。**

自救：电视媒体的生存突围

媒体 MCN 的产品是账号，不是短视频内容

严格意义上来说，**内容只是做好短视频账号产品的手段**。在传媒经济视域里，我们了解到媒体产品和内容产品是容易被混淆的概念。两类产品的运营都是以创造和提供有吸引力的内容为核心，但他们的商业逻辑其实完全不同，媒体产品通常是基于广告收入、订阅收入或付费观看等"二次销售"的注意力经济，而内容产品的商业逻辑是基于数字内容或物理产品的直接出售。比如，电视频道是媒体产品，而电视节目则是内容产品，他们在产业链关系上，电视节目是电视频道经营的上游供应链资源。

只有理解两个产品分属不同的价值链路，媒体 MCN 才能准确把握行业规律，坚持媒体属性，**建设以"账号"为核心的矩阵产品**，既发挥内容创作的传统优势，又避免把短视频内容作为产品来经营，陷入波动式的创收状态。抖音、快手、小红书、视频号等短视频平台，已经形成了以账号接广告为主要盈利手段的 MCN 产业闭环，这一模式其实卖的是关注账号的粉丝人群，典型的注意力经济，并没有脱离传统媒体的经营形态。

在这样的价值链路中，好的内容吸引关注，形成互动，最终转化为可销售的流量资源，以账号刊例面向广告市场。

毫无疑问，内容能力是打造账号产品的核心要素，决定了账号的变现能力和生命周期，但短视频内容单拎出来作为产品目前尚不具有独立经营的价值，短视频制作在 MCN 的经营结构上仅仅充当了广告、电商等最终产出环节的成本项。

两种基本产品形态，内容号和人设号的区别

大部分广电机构都在短视频平台以频道或者栏目开设了加 V 的媒体账号。一般来说，媒体号一旦开设，会迅速积累大量的粉丝，单条内容的播放量也数据喜人，但无法变现的难题如影随形，原因无非是政务类内容不好植入广告，团队新媒体运营能力较弱，以及商业化链路不通。

不同于这些媒体大号的运行逻辑，媒体 MCN 既有传统媒体内容资源顺势而转的内容号，也有对标市场化公司，签约达人来做的人设号。前者的代表是剪辑视频号，它的主要特点是将其他视频素材进行剪辑和拼接，创造一种新的视频形式；后者的代表是个人号，它的主要特点是依托于某位具体的视频博主（如演员、歌手、舞蹈家等名人或者一般的达人），以其本人作为人设号的核心和卖点。这两种账号类型的区别很大。内容号因为没有明显的主人公，所以难以形成跟随者的忠诚度，用户容易随时跳槽；而人设号则可以依据跟随者的忠诚度产生更深厚的影响力，对于个人 IP 运营来说非常重要。

芒果 MCN 目前处于运营状态的账号数量破 800 个，其中人设账号 700 多个，娱乐内容

所谓"人设"，是指网红达人在运营过程中所营造的"形象设定"。

自救：电视媒体的生存突围

账号 100 多个，媒体账号 10 余个。我们是娱乐频道，因此最开始也是起了许多泛娱乐资讯账号，形成了近 3000 万量级的娱乐号矩阵。但关系传播是新媒体的基本特征，UGC 内容供给加上成熟的达人营销促进了抖音等新兴传播平台的内容生态建设，因此早期内容号没有享受到类似图文信息平台的补贴待遇，平台端也似乎缺乏专为内容号开发通用商业模式的动力。

因为变现难，我们一度想过放弃内容号矩阵的投入，但随着短视频用户的不断增长，短视频平台转向为综合性信息服务基础设施，商业化的维度逐渐从单一的信息流、达人营销扩展为带货、导流、PR 等多元形态，创新的营销理念纷纷涌现。从 2021 年以来，娱乐营销不断放量，湖南娱乐内容矩阵的坚持终于换来了营收的大幅增长和大大优于人设号的利润率。和"四川观察"交流中我们了解到，他们的账号成为大 IP 的早期也是有流量无收益，直到 2022 年初公司化运营后，才走出了一条政务类 MCN 的创新之路，营收规模近亿，盈利能力达到行业较高水平。

人设号是短视频 MCN 的主流产品形态。所谓"人设"，是指网红达人在运营过程中所营造的"形象设定"。这种"人设"一般是建立在特定的个性、风格和口味等方面，旨在培养网红的粉丝群，提升其知名度和影响力。一般来说**达人账号的自孵化能力，决定了 MCN 机构发展的天花板**。签人、做号、变现这三个基本专业模块组成了 MCN 的业务体系，其中有两个模块能够在市场中位居前列，就能获得相对长的稳定发展机会。

长沙是网络主播 / 达人相对集中的城市，产生了多家领先的 MCN 公司，其中门牙视频是行业公认的商业化运营标杆，他们聚焦美妆赛道，在达人选择、管理和账号定制、研发等方面形成了完整的方法论，有鲜明的机构风格和时尚的达人文化。市场竞争之下，决定着媒体MCN的打法最终会倾向于自身的资源禀赋和内容基因，因此自孵化人设账号而不是外签人设账号，是必然的选择。一方面源于商业利益的最大化考虑，一方面因为媒体自身的宣传职能，需要在账号的定位和内容传播上保持控制力。

把握好人设号的变现模式
与红人经纪的关系

媒体 MCN 以"人设账号"为产品，是一种内容经纪，与传统达人和主播经纪的方式大不相同。传统达人和主播经纪的职责在于帮助达人打造品牌，提供媒介资源，通过广告、带货、打赏来获得收入。媒体 MCN 帮助达人打造账号，目的仍然立足于建立"人设"形态的传播矩阵，因此更加强调的是账号的品牌价值和商业价值，而非围绕账号达人去构建商业模式。尽管两者的盈利手段非常相似，但事实上从账号产品的运营角度来说，达人收入只是账号收益的分成部分。 起号方式上，"人设号"大致可以分为两种类型：一是为社会知名人士（主持人、明星、专家）开新媒体账号；二是根据内容主题的规划，搜寻有潜质的素人来孵化新的"自媒体"账号。芒果 MCN 和主持人合作比较多，打造出"张丹丹的育儿经"等成功的账号案例。

概括来说，**人设号的变现模式主要有两种：商务广告和达人经纪。**商业广告主要是指以达人代言的形式为相关广告客户做种草内容，从中赚取佣金；而达人经纪主要是指向达人提供代表他们的服务，包括账号之外的所有商业化运作。商务广告是显性的，是既有经营体系的一部分，而达人经纪则是潜在的，只是在达人走向头部后顺延的跟进服务。现有名人的账号合作，仅有商务广告层面的分成，不会签订有分享经纪利益的条款。

媒体 MCN 的传播价值立场，以及业务经营的组织形式，对待"人设号"一直态度暧昧。一方面，达人作为鲜活的现实人物，体现出账号产品的独特价值，是粉丝群体信任并追随的个性符号，尤其在以转化为主要诉求的客户预算里，是决定投放的关键性因素，必须予以尊重，并且要支持呵护；另一方面，"人设号"发展为头部大号时，有些达人就有可能成功走出人设账号，成为真正的网络红人，具有了跨越平台、走进线下的商业流量价值，他们将不再依赖于人设账号仅仅是获得广告分佣，而是可以展开以个人信用为基础的所有流量变现业务，如直播带货、品牌代言、营销通告、演艺活动等。也就是说，这个阶段此前的人设账号沦为红人产品的附属产物，以号为主体的商业通路必然转向以达人为主体。达人账号转化为账号红人，是幸福的烦恼，还是难受的利润，不同机构，不同阶段，都会有自己的想法。

理性分析，达人经纪与"人设号"相互关联，是整个 MCN 产业链的重要一环。因为相对于短视频内容，各种达人之间的影响力、智慧和知识产权更具有价值，从长远来看，这会使 MCN 公司在一系列服务上发挥出更大的作用。不过，对于媒体 MCN 来说，头部达人红人化，意味着要迅速跟进建立新的产品开发和商业化体系，而相对复杂的经纪业务或许并非现阶段的媒体 MCN 所长。

传播模式和媒介生态尚且变无定论，但注意力经济的所有逻辑并没有在流量变现的定义中退场。发端于微博、微信，崛起在短视频平台的媒体MCN，打碎了产品结构，又聚合起流量关系，以多账号为节点，连接形成网络状的媒体新物种。在这样的故事线里，不以短视频内容为产品，本质上是因为它没有固定的传播节点属性，无法成为价值关系的沉淀载体。网状的账号产品结构中，无论怎么强调头部账号作为中心支点的作用都不为过，大网红显然是头部MCN的标配。但是从市场主体角度来看，"人大于号"带来的商业边界一旦失控，那么滑向非媒体领域的经营风险就不可避免。或许从产业层面，我们不该自缚手脚，还是要勇于尝试新的经济业态。考虑自身当前有限的能力维度，现阶段我选择做媒体产品的保守主义者。

我们不该自缚手脚，还是要勇于尝试新的经济业态。

自救：电视媒体的生存突围

MCN 机构的八种商业化途径

谭双艳

MCN 机构的商业化途径众多，涵盖广告营销、电商直播、达人娱乐直播、知识付费、IP 授权及课程培训、内容代运营、自孵化品牌和平台分成补贴这八大类，基本构成了当前中国四万家 MCN 机构的主要收入来源。

MCN 行业正在蓬勃发展，渗透至网民的生活全场景，成长为一个巨大的消费市场。这几年 MCN 数量也呈现井喷状态，2022 年中国 MCN 机构超 2.4 万家，抖音巨量星图收录抖音 MCN 机构 5777 家，在各个平台生存，每家 MCN 机构都有自己的变现路径，可以说百花齐放，各有千秋。短视频商业化模式趋向成熟，短视频营销进一步发展，2022 年我国已全行业加速入局短视频营销，MCN 机构延伸了多元化的经营模式。

总结来说，MCN 的变现途径可以服务于 B 端品牌，也可以直接面向 C 端消费者。以抖音直播罗永浩公司的"交个朋友"、淘宝直播李佳琦的"美 ONE"MCN 为例，从罗永浩和李佳琦作为电商主播身份来看，是 To C 端直播卖货，直接面向消费者实现变现。但除了电商主播带货以外，他们各自公司做的基本都是面向品牌主的

B 端生意，比如做 Tp 或 Dp 服务商，服务商的工作范畴包含了为 B 端客户提供企业短视频广告、企业店铺代播、短视频和电商培训、信息流广告制作和投放服务等，以及可以用账号达人的号召力与 B 端品牌深度绑定，助推其品牌的壮大。最高阶版本是整合自己的供应链优势，孵化自身的品牌，李佳琦就利用自身的头部效用来加快自有品牌的孵化。

接下来，我就从 To B 端及 To C 端来剖析媒体 MCN 的变现途径。

一、To B：面向品牌 / 企业解决营销问题

1. 基础版：MCN 旗下的达人短视频商单广告

商单广告是抖音最常见的变现形式，可以理解为依托于短视频内容的广告植入。但相较于传统的电视 / 综艺植入，短视频商单广告的优势在于精准。因为抖音的推荐机制，这种广告可以很精准地触达目标用户，如果达人制作这条广告的内容吸引力够强，用户共鸣度高，还可以引起广泛的二次传播效用。

除了宣传效用，其实短视频广告一样可以产生直接的购买，在抖音广告短视频下方挂小黄车，看到短视频对产品心动的用户就可以直接下单，有些好的广告短视频，一条就可以让推荐商品卖到几百万的销量，美妆产品就有很多这种神操作。

品牌与 MCN 的达人短视频合作模式，一般为广告主下需求，MCN 机构推荐符合需求的达人账号，通过抖音的官方平台——巨量星图下单，同时 MCN 提供内容创作、内容分发等增值服务。短视频商单都是明码标价，价格从几千元一条到上百万元一条不等，随时下单随时播

出，方便快捷，广告主的决策成本很低。流量集中又能精准触达，既能有品宣还能促购买，这是品牌方不断选择的充分理由。

2. 进阶版：企业品牌号代运营和店铺代播 Dp

目前几乎所有企业和品牌在网络营销中，都会在淘宝建立天猫店和淘宝 C 店，在抖音就是品牌的官方蓝 v 认证账号（或称之为抖音小店），抖音都是号店一体。这几年越来越多的企业和品牌进入抖音，搭建自己的品牌阵地，在这个背景下，品牌的抖音官方号可以是品宣平台，可以是电商店铺，可以是品牌旗舰店。抖音的这种品牌号阵地就是购物的 3.0 版本，基于抖音的兴趣电商，来搭建用户吸引到转化的全链路场景，那么一门生意就产生了。

品牌号短视频是内容逻辑，需要精细化运营，品牌方自身搭建团队做短视频内容操作难度大，所以就产生了 MCN 机构的另一变现途径——品牌号代运营。芒果 MCN，也曾为"滴滴出行"在抖音建立品牌账号矩阵，一方面以品牌号矩阵为依托实现品牌宣发，另一方面品牌号在积累自己粉丝的同时，可以沉淀自己的私域流量，将粉丝变为品牌的高转化目标客群，让销售途径变得更短更清晰。

品牌代运营的合作模式，一般是设定目标 KPI 值，收取品牌账号的基础月度服务费。有两种合作类型：一种是基于党政机关政务需求出发的政务号的代运营。还有一种是为品牌店铺的代播服务。现在淘宝店铺直播已经常规化，淘宝店的日常直播功能一般是商品介绍、客服和售后，当然直播也会有一些转化，能提升淘宝店的购买。

抖音店铺直播目前处于一个蓬勃发展的阶段，数据显示，2023年上半年新增的"官方旗舰店"数量就高达 7000+，销售额同比增幅71%，品牌对于建立抖音矩阵，搭建完整店铺转化路径的趋势越来越明显。用户在抖音平台刷到各种品牌账号，或者看到品牌直播，在观看内容的同时，实现即看即买，缩短消费者的转化路径。

那 MCN 机构能做什么呢？和品牌号短视频代运营逻辑一样，品牌需要自身搭建专业团队来专门做这个板块，执行和操作难度大，何不找专业的人来做专业的事呢？

MCN 品牌店播服务，一般是为了助力品牌搭建电商经营体系，为品牌提供蓝 V 代播服务，搭建"短视频内容 + 直播"双擎共振模式。

具体合作模式市场上大部分是采取"月服务费 + 销售分佣"的方式，也有纯销售分佣模式，比如我们大家熟悉的"三只松鼠"作为零食品类的网红品牌，它在抖音上的第一场店铺直播 GMV 超 1 亿，这种品类服务机构可以采取纯分佣模式，盈利收入就会很可观。发展到现在，头部的抖音店铺代播 Dp 服务商，这类 MCN 年销售额近百亿，发展十分迅速，同样竞争也相对残酷，大鱼吃小鱼，淘汰率极高。

3. 助推版：企业一站式培训服务

越来越多企业和品牌意识到短视频和店播带来的品效销效应，但对于一个完全陌生的行业，难免会束手无策。所以衍生了企业一站式培训服务需求，来助推企业迅速了解短视频生态和直播，全链条系统化帮助企业快速培养短视频达人和电商人才布局。

匹配企业方的需求，从短视频到直播，手把手教企业如何线上做生意？一般来说，MCN 开通企业培训的目的，是以自身的直播电商和短视频经验，赋能企业做企业自孵化，合作形式多为定制。由于每个企业的情况和基础都不一样，所以收费的模式也有多样化，比如公开课、定制课程、短期培训等。

4. 高效版：信息流广告服务

信息流广告约等于互联网硬广，目前市场上需要大量的信息流素材拍摄制作服务和信息流优化投放服务。

抖音 2022 年 5500 亿的收入中，核心来源就是广告，其中信息流广告收入占比很高，为什么现在抖音的信息流广告那么火？

首先，它是与内容混排在一起的广告，如果你不留意在它们周围出现的"推广""广告"字样，可能你都不会发现这是一条广告，相较于传统的互联网广告它更"软"。

其次，它精准，可以精准锁定既定的城市、区域、年龄范围、性别、兴趣标签的人群，让广告不再"浪费"，投放效率更好。

信息流广告代理业务，商业化变现最大的问题是利润薄，基本靠平台返点，所以需要有规模效应，要做大做强。

5. 高阶版：品牌全链路整合营销服务

战略性的为品牌提供全网的整合营销服务，与品牌深度绑定，展开多维度合作是目前 MCN 大力发展的方向，也为商业提供了新的增长点。

基于 MCN 机构对网络平台的流量、内容、人群、玩法的熟知，在发挥各自优势点的基础上，整合同行资源的便利性，为品牌提供网络整合营销全链路服务，一方面能切到品牌客户的宣发预算，另一方面也会基于产品网络销售的增量来分成。

在过去，都是大的 4A 公司来给品牌做整合营销服务，发展至今，能做好这个业务的 MCN 公司不多，非常考验 MCN 公司的综合能力，它涵

自救：电视媒体的生存突围

盖内容制作、话题热搜、活动执行、电商直播、流量投放等维度，目前很多公司也是在尝试和摸索阶段，能做出案例的公司，客户蜂拥而至。

二、To C：面向个体消费者的商业化路径

1. 常规版：达人直播

MCN 机构旗下签约达人，开通直播可实现直播收益。收益有两种方式，一种是秀场直播，达人通过各种表演（唱歌、跳舞、才艺等）促使用户打赏，从而使达人和机构通过打赏取得收益；另外一种就是达人直播电商，达人直播带货的逻辑我们以抖音平台为例，那就是造人设、吸流量、卖产品，如此，打造了粉丝经济，形成消费认同，刺激购买欲望，实现了"边看边买"的新模式！

"边看边买"模式的营销主要建立在消费价值体系认同的基础之上，这也就意味着，直播带货首先需要打造一个稳定的主播人设，然后精准投放那些有购买需求的用户，让用户信任主播、相信主播推荐的产品。如果直播间的产品性价比高，就能有好的转化，有高额的销售量。直播电商销售量的形成有很多因素，流量、转化率、客单价、复购率缺一不可。

发展到现在，越来越多的消费者已经非常适应这种看直播买商品的模式，对很多 MCN 机构而言，达人直播带货也是他们非常想要拥抱的业务形态，但达人直播带货想做好，做到头部的也需要天时地利人和，专业很重要，时机也很重要。

芒果 MCN 从 2019 年开始运营"张丹丹的育儿经"这个账号，打

造张丹丹的妈妈人设，分享育儿知识，累积粉丝，以账号切入绘本垂类来进行短视频和直播带货，从最初的数据来看，在抖音这个垂类的商业化成果颇丰，带货数据还不错，吃到了初期的平台流量红利，但随着平台的发展，竞争加剧，达人的投入度和团队的专业性开始凸显其重要性，其中因运营理念的分歧，最终和平而遗憾地"分手"。之后我们又持续在抖音直播和淘宝直播上做了投入，坚持到 2023 年，终于决定放弃，虽然没有太多的成功法则，但有不少的经验总结与大家共享。

一是专业性团队的重要——当原生团队没有电商基因，就会非常依赖市场专业人员的配置，而我们在这块人才储备方面缺乏薪资优势，直接导致了高端人才流失。长沙内容创作型人才虽然多，但却缺乏直播电商行业必需的运营、商务、技术、操盘手等方面的人才，专业的主播人才也相对匮乏，高端人才、头部主播／达人发展到一定阶段后，由于产业链路、基础设施、发展空间跟不上，选择离开长沙前往北上广深杭等城市成为普遍现象；在供应链储备方面，缺乏品牌及特色产业带，供应链体系不成熟，而达人在直播行业的职业素养同样也不成熟。这也就注定了最终的失败。

二是内容 IP 的不可复制性——要保障直播内容 IP 不可复制，个性化是前提，当达人变成可被量化的内容资产价值后，达人与机构间的不稳定性，将导致在内容资产上的投入产出是不确定的，信任与否会成为一个很大的变量。

三是行业信息差的制约——我们所处的地缘环境导致行业信息流通性差，玩法跟不上平台变化；平台信息、政策获取慢，不能及时跟上变化迭代打法；信息获取滞后，团队人才迭代慢，能力迭代也相对滞后。

　　　　　　　　　　　　　　自救：电视媒体的生存突围

种种原因相加，直播要做好，必须得有一块相关能力的长板，不然全部靠摸索和进步，对团队要求太高，能坚持到见到曙光那一刻真的很难。

2. 超级版：自孵化品牌！

自孵化品牌，最具代表性的头部一定是"李子柒"超级IP。大家所熟知的她，都是被她清新脱俗的人设以及解甲归田的生活态度吸引，后来她与杭州微念品牌管理有限公司的分手闹得沸沸扬扬，正是因为杭州微念成功将"李子柒"这个IP商业化，打造了李子柒的网络品牌。淘宝天猫李子柒旗舰店，从2019年开始就位列淘宝食品类目前十，光李子柒螺蛳粉这一个单品，就火爆全网销售额破12个亿，经常是一粉难求，远销海内外。贴上李子柒标签的产品，成为爆品的几率就大大提高，这也是孵化品牌的魅力所在。

孵化自己的品牌，一定是很多公司和机构的终极路径，在这个时代，给了大家更多的想象空间和成功的可能，也大大缩短了实现这个终极梦想的时间，很多人知难而上，为之努力。

放眼全球，数字经济时代的到来使互联网、大数据等数字技术快速发展，推动MCN机构高速扩张，"技术创新"是近两年MCN行业的关键热词，这是科学、信息技术不断进步的必然推动，也是行业迭代升级和高质量发展的需要，技术的运用不仅能催生新的内容生产形式，还能挖掘MCN公司的商业价值。信息化越来越快，商业化模式都在解构重组、更新迭代，我们为这个最好的时代，最具挑战的时代，最能创造奇迹的当下加油！

品牌营销策略，品、效、销我都要

莫振

一、市场决定我必须满足

"小孩才做选择，我全部都要"新媒体时代的营销环境日新月异，品牌方对于新媒体营销需求，趋向"成本低、见效快"。总体来说就是"既要又要还要"，作为媒体机构则是通过与优质达人合作，建立内容和流量的账号矩阵，从而实现粉丝变现和收入。芒果 MCN 正是在这样的背景下，始终围绕理解客户需求、发挥自身优势、精心打造个性化的整合内容营销服务，借助短视频的爆发力，赢得了品牌方信任，寻找到属于芒果 MCN 的品牌营销策略之路。

1. 品牌方的新媒体社交自营号是实现流量变现的一大端口

由于品牌方的自营号具备官方性质，是品牌近距离链接消费者的一个有效窗口。实际上，不是品牌要得太多，而是消费场景翻天覆地的改变。首先可以通过打造消费者交互空间，以品牌的超级符号为蓝本，进行拟态化打造，塑造出不同的形象"装饰"互动空间，并将核心文化融入其中，用互动空间的强互动性和娱乐性增强品牌文化的共鸣性。在这里，媒体 MCN 营销思维的转变尤为重要，以自有资源售卖的模式，显然已经淘汰了，应该根据市场需求核心作为出发点，去主动制造甚至迭代营销产品的组合。全球近几年涌现出大量的媒体 MCN，但这些媒体 MCN 在管理模式上不够先进，经济能力较差，存在着很多规模小、资源少的问题。并且这样的媒体 MCN 在日常生产生活过程中更加注重收益问题，对于企业品牌的树立和企业营销传播等方面的重视不够，使得这些企业在如今竞争激烈的各行各业中难以生存或不能扩大企业规模。

2. 媒体 MCN 的管理团队仍停留在传统营销模式上

很多公司都忽略了新媒体平台对于产品宣传打法的重要性，无法满足数字化营销的大背景。甚至很多公司的管理者、决策者来自技术人员，对公司发展、生产管理等方面没有科学专业化的见解，对原有的客户过分依赖。一旦出现大变革和创新，对于新型流量玩法、变现渠道等不熟悉则会导致客户大量离去，这是必然的结果。团队培养上，年轻、充满激情的人才队伍是融媒时代企业长期保持高速成长的重要前提。

3. 营销本就是最原始的"互联网"

在游戏规则不断改版的新电商环境中，我们更需要抓住营销这一本质脉络，从而适应变化、持续进化、与时代共生。很多传统的品牌营销传播方式只是由厂家向用户实现单方面的信息传播，这样不利于企业对目标客户信息反馈的收集，同时很难通过传统的品牌营销传播方式掌握群众对于产品需求的准确方向和接受程度，所以难以准确定位企业的受众目标。如果不能掌握投放数据的整理和分析，是无法洞察消费者的真实路径的。最后变成了传播上的自嗨。

很多媒体 MCN 对于打造自主品牌这方面的意识不强。

目前在国内，能够意识到打造核心、自主的品牌对于企业的发展有促进作用的媒体 MCN 很少，能够将品牌推广到国际市场上的企业便是少之又少。这些媒体 MCN 生产规模不够大，管理方法不够先进，使得企业的市场号召力很小，如何在品牌营销上找到自身的核心优势，从而真正做到在行业中站稳脚步并带领企业走向国际市场。

目前全球知名 MCN 机构中有不少是媒体 MCN。例如，"时代周刊"和"华尔街日报"等传统媒体公司，早已开始探索媒体 MCN 的商业化发展道路。近几年，国内大部分广电机构或浅或深地选择 MCN 模式进入短视频领域。从 2019 年开始，我们以湖南娱乐频道为基础，打造生活方式新媒体——芒果 MCN，在不同维度尝试了各种不同类型的短视频业务，有坚持，也有放弃；有成功，更有失败。在全面参与市场竞争的过程中，我们深入了解传播规律和产品模式，建构媒体 MCN发展的底层模型。

二、品、效、销是助力增长困境

目前，芒果 MCN 已构建起全网传播矩阵，百万粉丝级达人超 150个，已形成了运营模式清晰、商业变现成熟的新媒体业务体系。近年其新媒体业务营收占比年均增长率达到 21%，短视频广告经营增幅明显。芒果 MCN 旗下的业务体系包括 Drama TV、弗兰 TV、Show TV、奇妙星辰和户外主义（如图 7-1 所示）。重点布局短视频母婴、家居、娱乐、运动生活等赛道，积极开拓运动生活方式赛道，并致力于跑通娱乐营销内容账号商业模式。

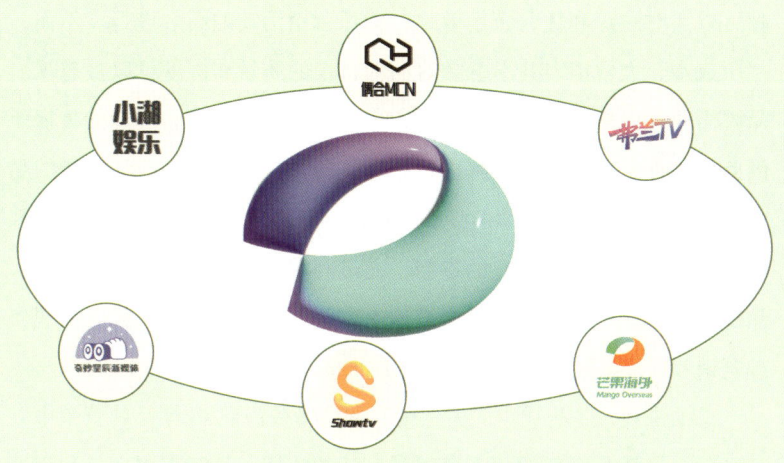

图 7-1 芒果 MCN 子品牌示意图

1. 小成本、大营销

通过达人短视频对用户种草，就是要借助达人的传播力、种草力和粉丝力来建立品牌认知，实现从 O–A3 或 A1–A3 的路径转化。在现代数字营销环境中，尤其是在芒果 MCN 平台上，品牌正在寻求更为经济有效的营销策略。在这种背景下，"小成本、大营销"的策略已经成为品牌竞争的重要工具。策略在于以最少的资源投入达成最大的营销效果。这种策略在芒果 MCN 品牌营销中具有显著的特点。

首先，这种策略强调创新和策略性思考。芒果MCN平台提供了丰富的创新空间，使品牌可以通过创新的内容形式和互动方式来吸引消费者，例如使用用户生成的内容、进行话题营销等方式；其次，强调精准的目标定位和数据驱动。通过对用户数据的分析，品牌可以精确地定位目标消费者，实现精准营销。此外，通过数据驱动的方法，品牌可以实时跟踪和优化营销效果，确保营销活动的高效进行。然而，"小成本、大营销"并不意味着品牌营销的质量和深度可以被忽视。品牌需要在保持经济效率的同时，也要保证品牌故事和理念的传播。因此，这种策略也需要品牌进行年轻化的营销，通过创新和独特的品牌故事和理念来提升品牌的吸引力和认同感。最后，在芒果MCN品牌营销中还强调社区和用户的参与。通过利用社区和用户生成的内容，品牌可以有效地提升其在社交媒体上的曝光度和影响力，从而实现口碑营销和社交媒体分享的效果。

总的来说，"小成本、大营销"的策略在芒果MCN品牌营销中以其高效、灵活和创新的特点赢得了广泛的应用。品牌需要充分利用这种策略，结合线上化和年轻化的营销方式，才能在竞争激烈的市场环境中立足。

2. 线上化、年轻化

除了在创意内容上下功夫，做轻小成本的特色营销之外，当下品牌营销的另一个特点就是线上化、年轻化。一个消费洞察是——几乎没有一个年轻人会贸然走进陌生门店，大家都会先打开大众点评／美团／小红书／抖音等APP，搜索门店的介绍与评价，然后再作出决策。当线上阵地作为所有信息的集散地和消费决策的一站式入口，对于商户来说，如何做好线上营销，成为需要慎重思考的问题。

芒果 MCN 品牌营销的线上化是指将品牌的营销活动主要在网络平台上进行，尤其是在短视频平台上。这种营销策略的特点主要包括覆盖面广、互动性强以及定位精准。首先，借助芒果 MCN 平台，品牌可以迅速触及全球范围内的消费者，扩大其市场覆盖范围；其次，这种方式的互动性强，品牌可以直接与消费者进行互动，增强消费者对品牌的认同和忠诚度；最后，这种方式可以通过大数据分析，精准定位并触及目标消费者，实现效果的最大化。

然而，线上化的品牌营销在面临巨大的信息噪声和竞争压力时，就需要借助年轻化的营销策略来传递其品牌理念。年轻化的品牌营销主要强调通过品牌具备个性的内容包装，而非仅仅是产品特性，来传递品牌价值。这种营销策略的特点主要包括情感共鸣、个性化以及深度参与。通过讲述品牌的故事和理念，品牌可以与年轻消费者建立情感连接，增强消费者对品牌的认同，得年轻者，得天下。年轻化的品牌营销还可以鼓励消费者深度参与，通过消费者主动生成内容或社交媒体分享等方式，让消费者成为品牌故事的一部分，从而进一步增强其对品牌的忠诚度。

总的来说，芒果 MCN 品牌营销的线上化和年轻化为品牌带来了新的机遇和挑战。在信息爆炸的时代，品牌不仅需要充分利用数字平台的优势，实现营销活动的线上化，还需要通过塑造有力的、年轻化的品牌故事，增强消费者的认同和忠诚度。这既是品牌在新的营销环境下的必要策略，也是品牌持续增长的关键。

3. 打通闭环，品、效、销三位一体

在当今的数字化环境中，短视频 MCN 品牌营销已经成为了企业竞争的重要工具。而在这种环境下，品牌、效果、销售三位一体的营销策略（即品、效、销）已经成为了必要的选择（图 7-2）。

首先，"品"指的是品牌建设。在芒果 MCN 品牌营销中，品牌建设需要注重创新与差异化。品牌需要通过创新的内容和形式来吸引观众的注意力，并通过独特的品牌故事和理念来区分自己，塑造独特的品牌形象。此外，品牌还需要关注用户体验，通过高质量的内容和优质的服务来提升用户的满意度和忠诚度。

其次，"效"指的是营销效果。在芒果 MCN 品牌营销中，营销效果的评估和优化是非常重要的。品牌需要通过数据分析和测试来评估营销活动的效果，例如观看率、分享率、互动率等指标。此外，品牌还需要根据数据反馈来持续优化营销策略，以实现更好的营销效果。

最后，"销"指的是销售业绩。在芒果 MCN 品牌营销中，品牌需要通过有效的销售策略来转化观众为购买者。这可能包括利用芒果 MCN 平台的直播销售功能，提供便捷的购买途径，或者通过优惠活动等方式刺激消费者的购买欲望。此外，品牌还需要关注销售后的服务，以保持消费者的满意度和忠诚度，当然线上销售也是品牌宣传的必要存在。

综上所述，"品、效、销"是芒果 MCN 品牌营销的重要策略，它们分别关注品牌建设、营销效果和销售业绩。在实施这种策略时，品牌需要充分利用短视频 MCN 平台的特性，创新营销策略，并注重数据分析和用户体验，以实现品牌的长期发展。

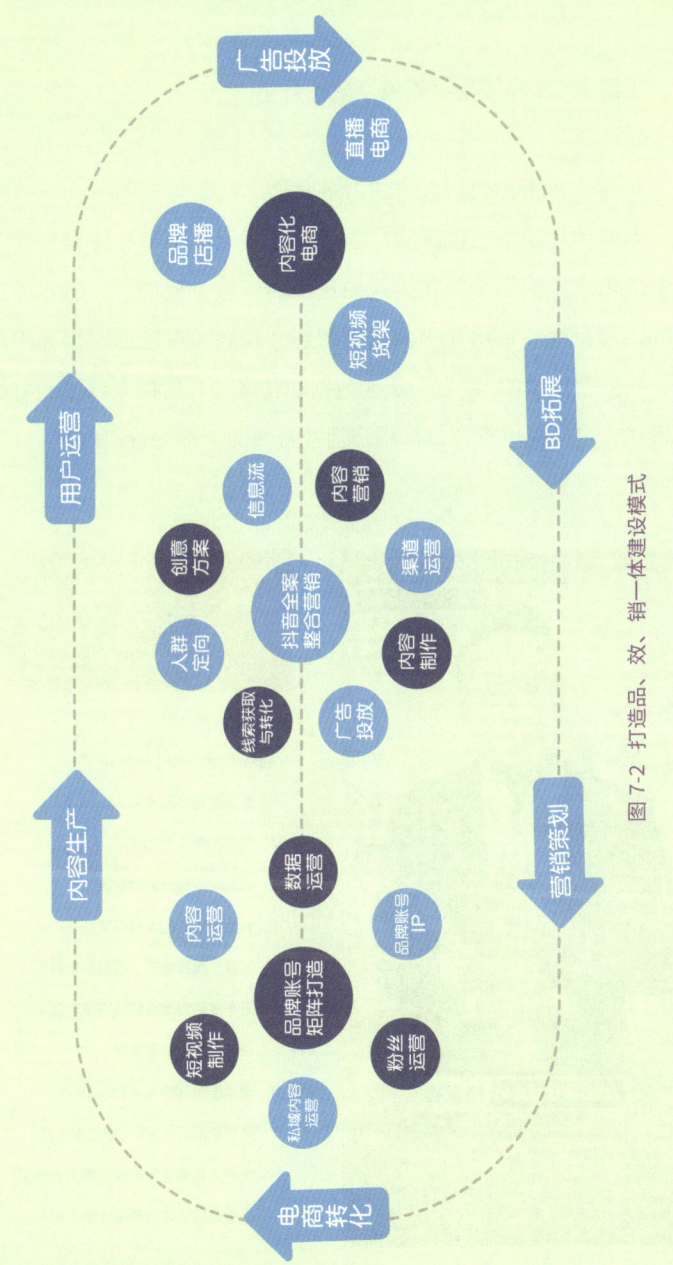

图 7-2 打造品、效、销一体建设模式

三、芒果 MCN 品牌营销策略及案例分析

1. 深入理解和把握客户的需求变化

新媒体环境下，传统的广告投放方式无法满足品牌客户对于精准营销的需求。他们希望在短视频这个新媒体主战场上，能够通过个性化的内容呈现、情感共鸣的故事营造，找到并深度绑定目标用户。因此，我们芒果 MCN 致力于从大数据的角度，分析用户群体的喜好和行为模式，以便提供符合目标用户消费习惯的个性化营销内容。

以广汽三菱品牌为例，广汽三菱品牌阿图柯新车发布会进行了一次 28 个小时的直播活动，总观看人次达到了 111 万以上，我们为其打造 1+1+N 场超级直播间。用千万级粉丝大号和品牌方企业蓝 V，加上数个不同城市达人账号和百余家的官方媒体账号来全方位地完成这一次直播活动，打造了首个汽车行业的微综级直播。直播除了满足发布会的功能，其更重要的是将小风车留资激活，由主机厂来根据城市分配线索跟进到店转化。

2. 发展自身的核心优势，打动客户

我们坚信真正能打动客户的，是我们自身的核心内容营销优势。芒果 MCN 拥有丰富的内容生产资源和行业经验，我们积极培养和引导优秀的内容创作者，让他们成为品牌故事的叙述者。同时，我们依

托强大的湖南广电平台，发挥其海量用户基础和精准推荐的优势，帮助品牌客户精准触达目标用户。举个实践案例，一家运动功能饮料品牌希望通过我们的平台，吸引年轻消费者。我们基于该品牌的核心价值和目标人群的偏好，结合"长沙夜生活"电影 IP，联合芒果 TV 和湖南卫视，通过抖音账号"湖南娱乐"打造直播综艺秀。将能量型功能饮料与长沙夜生活场景深度捆绑，湖南广电主持人背书认证，直播嘉宾热情"打 call"，建立品牌植入曝光新方式。这些内容的发布，不仅让品牌与年轻人建立了深度的情感链接，也让品牌的销售量实现了显著增长。

3. 变革内容生产方式迎接未来挑战

在媒体内容生产要素的配置层面，对于过去而言，谁先打碎谁先赢，就未来展望，谁先聚合谁先强。打碎是产品形态的市场要求，而聚合则是组织发展的空间需要，以适应数字经济时代对内容供应链效率的竞争要求。

以湘潭城市营销项目"当红不让新青年"为例，我们依靠群众的力量去主动传播，制造一些主题事件，吸引新的消费者进行体验和种草，从而达到真正意义上的一个消费引流转化，将城市"品牌化"线上有人气，线下才有人流，我们去往韶峰进行了 11 小时不间断的日出慢直播，和全网 20 万网友共同见证 2022 年第一缕阳光成为又一个热门打卡点。1 月 26 日，他们在小年夜策划了一场美轮美奂的无人机灯光秀，连续 3 天霸榜热搜。通过此类的强事件的打造，将流量爆点聚焦进行集中式的爆发，将城市作为品牌化营销，我们是首创。

抛弃长视频时代的生产思想，短视频领域内容供给侧必然会来到柔性生产的时代。这样的形态变化，提醒了我们两件事情：第一是在商业模式上，未来不能选择一直停留在自己做内容生产的基本角色上。我们需要把自己变成一个专门为内容创作者服务的机构，通过市场研究、用户分析等数据及时化处理，萃取加工成泛信息化产品，打造新的媒体聚合品牌并实现商业闭环；第二就是在内容生产力的供应链控制上，未来我们需要达到一定程度的

社会化生产组织能力。目前一些内容公司基于自己的实际需求在组织架构、运行机制上来优化自己的生产体系，有些已经开发了专门的内容外包工具。

　　总的来说，整个行业的注意力集中在账号产品、营销项目、达人主播资源开发等表象竞争层面，深层次上看未来一定是新技术加持的内容生产力模式比拼，可以预见短视频生产力会面临一场影响深远的变革，芒果 MCN 必须利用长沙作为传统视频生产要素集中的产业环境优势，始终围绕理解客户需求、发挥自身优势、精心打造个性化的内容和服务，把握住新的发展动向，为适应下一阶段的竞争要求做好准备，这就是一场品、效、销的长久战役。

Chapter 8

长期战略
从机构媒体到
媒体人机构

ChatGPT 的应用点燃了 AIGC 的光辉前景。尽管由此涌现而来的各种演变节点难以预测，但在现阶段，我们不得不承认，内容创作者在 AI 技术加持之下的生产力又将抵达一个新的高度。回顾信息技术的发展历程，在媒体层面，生产、分发、再到商业化运作，其实一直就是以强化个体的逻辑来颠覆传统的媒体形态和格局。

　　从中心化媒体机构到"人人皆媒体"的自媒体时代便是一个显著趋势，也推动着"达人"这个角色走到了前台，成为一种风尚，逐渐形成一种新的媒体职业。

　　作为传统媒体主动进入互联网传播领域的一种方式，媒体 MCN 与达人展开深层次合作，并以体系化的专业内容创作服务作为竞争优势。但是随着 AIGC 技术持续深入内容生产，可以预计达人（主播）对于机构内容创作体系的依赖程度将进一步减弱，芒果 MCN 自 2019 年初从电视媒体融合转型为 MCN 机构，对于这种变化的感知越来越强烈。面临迭变中不断调整姿态的压力，我们不仅仅要在产品和经营层面，更要在组织层面，回答在以达人（主播）为中心的新传播模式中为什么以及怎么样来构建机构的核心价值。这一核心价值毫无疑问不能以简单的经济效益来考量，而是要坚持媒体属性，实现社会层面的价值追寻。

达人（主播）在 MCN 组织架构中的角色

生活中我们早已习惯了这样的变化：获取政府最新政策通常来自于其在社交媒体平台开设的官方账号；感知全球各地的重大新闻、奇闻逸事首先来自于各社交媒体的内容推送，明星"官宣"恋情通常在其自媒体账号上。传统媒体人也加快了融合发展的步伐，据不完全统计，截至目前全国预计有超 5 万的电视主持人、记者在抖音平台开通了实名认证的个人账号。这些现象背后的本质是媒介渠道的逻辑发生了改变，重心转移到个人身上，媒介进化的形态正在由展示媒体向社交 / 智能媒体发展。

在视频化社交媒体平台上，芒果 MCN 适应以"关系"为核心的新媒体传播规律，打造人设账号，获得互联网流量影响力，建构新的媒体商业化模式。相比于传统电视媒体，其最大的特点是和互联网 MCN 机构一样，都拥有自己的网红达人。但与互联网 MCN 机构的区别在于，我们更强调做"人设账号"，而不是直接以打造"达人产品"为基本目的。

所谓"人设"，是指网红达人在运营过程中所营造的"形象设定"。这种"人设"一般是建立在特定的个性、风格等方面，旨在培养网红的粉丝群，提升其知名度和影响力。**媒体 MCN 以"人设账号"为产品，是一种内容经纪，与传统达人和主播经纪的方式大不相同。**传统达人和主播经纪的职责在于帮助达人打造品牌，提供媒介资源，通过广告、带货、打赏来获得收入。由于传统媒体的价值属性，媒体

MCN帮助达人打造账号，同时也要对账号的定位和发展进行规范和引导，目的仍然立足于建立"人设"形态的传播矩阵，因此更加强调的是账号的品牌价值和商业价值，而非围绕账号达人去构建商业模式。

芒果MCN早期签约了上千名达人，进行账号层面的合作。这部分外签达人，不管是内容管理，还是商业化配合执行，都存在效率低下的问题，我们很快就感觉力不从心，不再盲目追求账号规模和资源占有，而是将注意力集中在自孵化账号进行深度运营。

在"人设账号"的产品研发和运营上，我们始终坚持以账号主理人为中心，但对于账号主理人的挑选，经历了三个阶段的认识，无不与达人主播的角色价值相关。开始定位在编导型，偏重制作，很容易导致达人演员化；后来尝试运营型，偏向于商业化效率，但难以平衡达人账号的长期收益；现在我们才把这一岗位的内涵理解为产品经理，对达人挑选、账号定位、内容风格以及用户运营全面负责。以主理人负责制的模式，划分不同小组来进行账号产品的开发和运营。小组负责的账号数目不宜过多，鼓励小组成员不断另立门户，保持产品端的创新活力和应变能力。在这样的架构中，达人都是跟号进组，完全融入产品内容的创作中。

所以，尽管媒体MCN以"账号"为主要产品，但达人（主播）正成为组织架构中越来越关键的角色。

从机构媒体到媒体人机构

在"人人皆媒体"的自媒体时代，MCN机构作为链接平台和达人（主播）的多渠道内容运营服务商，如何把握自身定位至关重要，关系着机构的业务抉择、发展方向。芒果MCN从电视媒体转型之初也习惯性地强调自身的官方媒体属性。然而市场的信息反馈最准确，我们意识到传播链路上"人"的价值在新的时代已经超过物理介质的逻辑。过去的媒体内容是"物以类聚"，今天的内容分发则无时无刻地贯彻着"人以群分"的原则。我们理解到媒体MCN的本质在于为内容创作者提供专业化服务，在组织形态上把编委会打散，以短视频创作者为核心进行组织机构和企业文化的重构。

以短视频创作者为核心的媒体MCN，本质在于帮助达人（内容创作者）在各大平台（如YouTube、抖音、小红书、B站等）上推广和运营自己的账号、聚焦流量、扩大影响力、影响用户人群，实现更好的商业化和发展。其主要服务内容包括内容策划和评估、账号运营及分析、商业化合作、版权保护及其他权益等。媒体MCN通过为达人提供服务展现其独特的价值，这种价值一是体现在机构本身具有较强的专业度，以其专业性和经验为依托帮助达人在各方面得到支持和提升；二是媒体MCN具有丰富的资源，包括支持软件、商业资源、市场关系等，为达人提供更多的发展机会和资源支持；三是同步还需具备高效率，由于其集成的服务模式和专业化的团队，媒体MCN能够提高达人的运营效率和收益水平，从而实现双方的共赢。

对本质的认知驱动我们坚定不移从机构媒体向媒体人机构转变：

一是理念层面，机构媒体以机构为中心，媒体人机构以"媒体

对本质的认知驱动我们坚定不移从机构媒体向媒体人机构转变

人"为中心。自媒体时代，我们认知到用户首先信任的是"李佳琦"，而非背后的机构"美 one"；大家追捧的是"罗永浩"，而非其运行公司"交个朋友"。之前作为单纯的机构媒体，不管是员工、达人，所有人都在为机构服务，这一定位下把机构自身当成单一的渠道进行传播，等同于电视、广播的内容媒体属性。现在反过来看，MCN 机构其实是一个个媒体人组成的集合，每个达人都是一个独立的自媒体，以具有影响力的"人设账号"形态布局多渠道网络平台。社交自媒体平台经济价值较为集中在个人身上，媒体 MCN 机构应调整自身的定位服务于人的个性化，自觉成为达人背后的助推器，将达人的成功视为机构的成功。

二是形态层面，MCN 行业惯例是通过内容形态，如汽车、美妆等赛道做区分；以广电 MCN 为代表的媒体机构习惯强调自身官媒属性，如媒体号、蓝 V 号、节目 IP 等，这是从机构媒体这一定位为出发点而来的。如芒果 MCN 基于多年经验有较强的综艺制作能力，我们也曾尝试将以"节目 IP"为核心的综艺搬到短视频平台，从实践结果来看出现水土不服。我们注意到以"达人"为核心带有综艺属性的直播节目在短视频平台产生比较好的效果，如湖南本土的才艺达人"唐艺"，在粉丝黏性、曝光、互动、收益上都表现突出。我们意识到以个人 IP 作为传播的价值符号才是自媒体时代媒体人机构的应有之义。2023 年初，我们基于自身优势布局以主持人、达人主播为核心的"演艺直播"业务线，期望能为个人 IP 的建立带来新的舞台。

三是价值层面，媒体的价值本质现在观察社会、解释现象、提供建议、引领文明。报纸、广播、电视等都曾在其担当主流媒介的时代扮演"全能媒介"角色，如我们曾经历电视的黄金时代，那时候电视台制作了大量相亲、导购、调解等服务节目来满足大众生活需求，了解最新的时事新闻是来自于电视新闻，收看电视台的综艺 / 电视剧是最大的娱乐活动。如今，想要了解美食人们会打开"大众点评"，购买好物会搜索"小红薯"们的种草笔记，娱乐消遣有"抖快"等社交平台达人们的分享。

无论媒介渠道如何变迁，媒体的价值要义不变，只是这种价值产生的载体由于渠道终端的多元从机构媒体往媒体人个体上分离。MCN 机构在传播链条中承担着应有责任，这种责任从规范机构本身侧重到引导每个达人，达人需在各自领域产生曾由传统媒体一并承担的社会责任。

媒体 MCN 的本质在于为内容创作者提供专业化服务，芒果 MCN 坚定从机构媒体向媒体人机构转变。

达人职业化趋势下的
组织新要求

　　智联招聘与 B 站联合发布的《2022 青年求职行为洞察报告》显示，视频 UP 主 / 达人、电商主播等是"00 后"最想从事的新兴职业，专职达人越来越普遍。从平台到机构，都开始推动达人向专业化、职业化路径进阶，以驱动达人在传播链路中产生作为媒体人应有的价值。

　　一是达人具备意见领袖属性。"李佳琦"推荐的美妆产品通常能在用户中产生一呼百应的效果，旅游达人"房琪"能带动一地的旅行热，"樊登"推荐的书单通常畅销……本质上是因为他们已经成为各自领域具有专业度、信任度和影响力的意见领袖，他们的言行能影响到用户在相关领域事务上的决策和态度。因此达人职业化的核心，是让达人具备意见领袖的属性。如芒果 MCN 在孵化张丹丹时，基于她自身的兴趣和特长打造她在母婴、绘本领域的专业度和信任力上做了很多功课。

　　二是达人流量在商业化上具有社交属性价值。抖音达人广告营销平台"巨量星图"同样提出推动"达人职业化"，目的是加强达人的商业化变现能力。该平台上已有超 200 万可接

达人职业化的核心，是让达人具备意见领袖的属性。

自救：电视媒体的生存突围

单达人。从底层逻辑来看，达人账号的流量变现价值是基于其社交属性而来的，客户投放一个达人，本质是选择达人账号带来的用户人群，MCN机构的经营模式直白来说是"做人设卖人群"。淘宝、抖音、小红书等均推出了平台用户人群模型，运营成熟的MCN机构都在通过"人设账号"运营来获取精准的消费人群，芒果MCN通过孵化母婴、美妆达人，以最具消费力的中坚力量人群为目标受众，2022年开始着手布局户外运动赛道更是看中了疫情后增长迅速的户外人群消费市场。行业内深谙流量变现的本质在于影响达人背后的用户心智，带来因信任、喜爱、认可而引发的观看、互动、购买等行为，达到满足客户需求的产品宣传、购买转化等效果。

三是行业规范化巩固了达人职业的长期价值。达人职业化不仅体现在专业性方面，也体现在达人作为一种职业在社会上的认可度和规范化。主播达人的职业化趋势意味着其作为新就业群体、新社会阶层的身份已经进入主流叙事体系。随着他们影响力越大，规范化管理的要求就会越来越多，达人职业的长期价值也势必得以加强。

正在涌现的达人职业化趋势为媒体MCN带来了新的发展红利，但也意味着要从内部为复杂的运营形态做好组织准备。

媒体MCN作为宣传的原生机构，自然有比市场同类组织更为适应的利益保障服务，这为媒体MCN带来了新的发展红利。2022年芒果MCN当选为"长沙网络主播协会"首届会长单位，借助政府支持、联动行业合力，致力于在推动长沙主播/达人的职业化、成长性上承担积极作用。

媒体MCN以"人设账号"为主要产品，商业模式聚焦在广告。但是可预见达人职业化将带来商业模式的多样性和复杂化，随着职业化后达人跟机构的结合越来越紧密，基于达人本身的经济变现价值便凸显而出，延伸出如直播电商、娱乐直播、演艺、知识付费等多元化经营模式。达人作为真正的意见领袖独立于账号，"人"本身就是产品，账号只是载体，媒体 MCN 需要面对通过多样化和全链路的商业化手段来实现媒体传播的价值，在实践中，需要在组织架构设置变革中将个别精细化和全局灵活性结合起来才能更好地满足市场需求。

个别精细化的运营能力是为了更好根据客户的特定要求，以不同的方式来创作和传播内容。这就要求在账号产品板块上，应遵循小快灵的管理模式，授权到一线。例如，某个市场突然出现热点话题，账号可以立即调整内容，利用这个热点话题来吸引更多的用户。媒体 MCN 发展和壮大到一定规模，内部的业务单元必然越来越细化，一方面，MCN 需要针对不同类型的内容创作者需求开设不同的业务部门，

如面向音乐类创作者的音乐部门，面向美妆领域的美妆部门等。另一方面，MCN 也需要根据地域、平台、消费行业等不同维度来划分商务单元，以更好地拓展市场和满足客户需求。

全局灵活性是为了适应快速变化的市场环境，整个 MCN 机构要呈现出快速适应变化的组织调整能力，后台建立统一的业务管理模型，前台业务团队则以功能模块的形式，既能独立作战，又能互补成军。媒体 MCN 相对于传统媒体机构来说，其组织架构的设置需要柔性意识。传统媒体在生产一项内容时，通常需要涉及多个部门的合作，如新闻采编、摄影、编辑部门等，而在媒体 MCN 中，这些职能可以在同一个小团队中完成，大大减少了组织层面的复杂性。具体到案例上来说，从我们了解到的缇苏、二咖这类市场 MCN 机构，到芒果 MCN 自身实践，大家在业务单元上普遍采用了阿米巴模式的组织形态，这种模式以小团队为作战单元，将签约经纪、制作人、运营、摄像、后期等岗位组合，小团队形成独立闭环，完成达人服务、内容制作、数据运维等生产运作。

发展壮大的最佳模式是商业层面的媒体联盟

媒体 MCN 的产品属性决定其劳动密集型产业特性，人设账号具有较强的个性化、创意化特质，难以工业化批量复制，因此必须有足够多的特定岗位来为达人账号服务。单个机构不可能在人员规模上做无限扩张，产品规模的增长空间是有限的，因此大多数机构停留在"小而美"的层面。同时从业务逻辑来说，区别于电视、报纸等其他媒体内容和商业化部门可各自独立运营的形态，MCN机构从达人签约、账号孵化到商业变现环环相扣，自成闭环，因此从组织形态上以业务线为单位独立运营是效率最高的模式，将各条独立业务线及市场各类型机构进行商业层面的联盟则是解决媒体MCN发展壮大的最佳模式。

媒体联盟是指多个媒体MCN或其他形式的媒体公司建立互相合作的关系，共同在商业层面进行协作，实现资源共享、业务互补、风险分担等目标。媒体MCN联盟的核心价值在于为联盟成员提供服务和赋能，包括提升联盟机构的品牌形象、增加市场曝光、降低运营成本等；提供优惠政策或服务奖励；建立良好的沟通渠道，及时共享重要的市场动态或行业新闻等。媒体联盟的建立可以实现多方共赢，促进行业的整体发展。具体来说，媒体MCN的商业联盟可以采取以下方式：

1. 资源共享

联盟成员可以在数据、技术、商业等方面共享资源，从而提高资源利用效率。比如侧重于短视频广告模式的MCN机构与侧重于直播带货的机构资源整合，商业互通，满足客户传播和转化的多重需求。

2. 业务互补

联盟成员可以在业务方面互补，打通链条实现互助合作。比如在品牌营销方面具有优势能力的MCN机构与内容制作优势能力的机构联合，组成一整套完备的解决方案。

3. 风险分担

联盟成员可以通过协作共担商业运营过程中的风险。比如联盟各方共同承担部分投入资金、为受危机影响的自媒体提供帮助等。

4. 品牌合作

联盟成员可以共同承接大型品牌营销活动，共享资源和经验，提升市场占有率和品牌溢价权。

5. 政策互动

联盟可以共同维护自身和行业合法权益，推动有利政策和行业规范的出台。

实践中芒果 MCN 调整定位为一个媒体 MCN 机构的联盟平台，可兼容不同类型、不同赛道、不同商业模式的 MCN 机构，目前形成了 Drama TV、弗兰 TV、Show TV、奇妙星辰、户外主义五个独立运行的自营 MCN 品牌，同时马可工作室作为联盟成员加入，整体形成以短视频广告为核心，包含整合营销、演艺直播、直播带货的商业模式。通过联盟平台的建立，单一的媒体 MCN 可以获得更多资源、机会，更广泛的业务模式，从而提升整体盈利能力，实现可持续发展。

从机构媒体到媒体人机构转变，是基于对当前媒体环境变化、媒介技术迭代的应对，也是芒果 MCN 对自身定位、发展战略的探索思考。具有主流责任感的媒体 MCN，将在这个链路中承担更为重要的责任，迎接新的红利的同时也需要做好组织形态上的重构准备。

Chapter 9

私房宝典来了，媒体MCN的形态重构

真正检验芒果 MCN 模式的尺度不在于业务层面，而在于管理层面。业务逻辑必然会跟着市场走，有对标的样本，也有学习的途径。管理逻辑却要符合党媒国企的固有模式。市场遵从规律，而管理却遵循规矩，这是芒果 MCN 必须面对的独有命题。我邀请了我们管理团队的朋友，请他们来回顾小结这段时间的思考和实践，抒发一下那种在市场同仁难以理解的处境下如何选择的焦虑情绪。

转型短视频直播生态时的踩坑与爬梯

崔宇

起风了。树欲静而风不止，树摇起来风又走了。

传统媒体广播在经历了二十年的黄金时代之后，遇到了最强劲的对手。新媒体的横空出世是必然，到现今成为主流更是必然。信息解构的变化是让大家措手不及的关键。我是一个传统媒体老兵，但同时也是一个新媒体老兵。在传统媒体 14 年，见证了大屏登峰造极的黄金时代，是个老人不假；我干新媒体 4 年，正住在短视频直播日更迭代的"呼啸山庄"，也变成了老兵。4 年 VS 14 年，时代正以 1 ：3.5 的速度预谋想把我打入耄耋之年。从这一点来讲，场景和介质决定了时间的长短。

第一部分：信息解构带来了内容、传播、生产、思维等的变化。作为从业者我们

自救：电视媒体的生存突围

如何去适应和转型？本人以实战总结得出时间维度、空间维度、透射维度、交互维度是掉大坑的技术因素，爬梯这些维度是转型关键。

一、踩中风口与红利来自于对时间维度的嗅觉

一位明星，他在 TVX 衰退时进入内地 TV 闯荡，新媒体来临时进入短视频赛道，收割了一票粉丝后开始直播带货。他的抖音粉丝 2000 多万，粉丝年龄段大部分在 31~35 岁（占比 45.56%），粉丝整体消费能力较好。

下面是他踩点曲线，可以大致镜像出一条媒体极简史（图 9-1）。

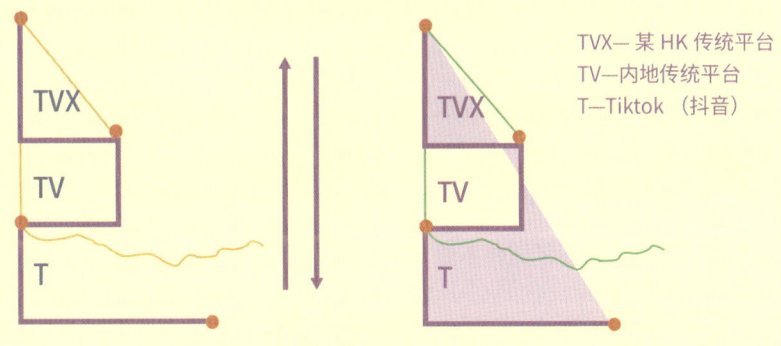

TVX— 某 HK 传统平台
TV—内地传统平台
T—Tiktok（抖音）

图 9-1 媒体发展历史简图

各条线围起来的就是各自的势力范围。

2000 年之前，TVX 的天下。TVX 赢在先手、模式，赢在 0 到 1。

2000 年以后，内地 TV 的黄金时间。内娱时代赢在渠道闭环、中心分发，赢在人口红利。

2018 年以后，短视频直播进进时间。T 赢在人类时间的分割，赢在内容平权、圈层算法。

这是一个混沌的时代，大小屏之争、新旧辩论。行走在混沌之间，该如何直立行走？

T 是一条曲线，虽弯曲但未闭合。T 的阴影部分就像是一个"扩散"细胞，她会吞噬 TVX 和 TV 本以为已经筑起的厚厚城墙，同时也吞噬着城内的内容和流量。当把 X 轴拉长或者是 Y 轴拉长，白色区域还是已有存量，阴影区域增量逐渐增大。随着大盘的增加，存量市场相应的比例递减。

此情此景，可以得出存量范围里只能是精品、是头部。增量范围里是多、是裂变。困在时间里的传统媒体人，很容易看到幻想。因为我们一直在做构筑想象力的工作，所以当掉进幻想的大坑时却浑然不知。这时爬梯的充要条件就是首先要分清楚这是构筑的想象世界，还是现实的法则世界。

二、传统媒体人转型新媒体不是"被降维"而是异度空间

1. 从一个体制内的实体传统平台到市场 MCN 这样一个虚拟组织转型时的身份阵痛

我们之前是平台人，现在是打台人。身份的突变是产生"被降维情绪"的主要诱发。传统平台是个闭环渠道平台，是资源产品，是个大家庭。家庭就是以人为中心，以分管来组织。所以我之前有一种错觉，

平台即我，我即平台。其实不然，平台是屏幕和播出渠道，运营是总编室，你是内容提供者。现在你的身份没变，但是转到MCN市场生态上来了，家庭式的生产关系不灵了，变成了是以事为中心，以扁平来组织。

于是内容和流量的惯性不灵了。传统平台是严进宽出，手握流量，考分入学，分配流量。现在的平台是宽进严出，每一"学科"的日常努力都会决定你的毕业成绩。

2. 中心制的源头货分发到 UGC 的溪流成河

PGC 的时代是大生产、大宣发，集思广益。UGC 时代是个性化多对多，集一广思。

身份也由导演变成了创作者。人人都是创作者，所以，数据收集处理，根据用户需求的快速迭代是互联网的核心要义。对于一个"半路出家"刚上车的人，开始晕车、跟不上是太正常不过。所以不是降维是降速。

PGC
Professionally-generated Content 的缩写，指专业生产内容、专家生产内容，相对于 UGC 来说，生产的内容质量更高，更专业化。

UGC
User-generated Content 的缩写，用户生产内容。

3.传播的空间维度发生了变化

屏幕越大，创作时的景别越大。物理空间容量的大小，直接关系到人类吸睛的范围。从大荧幕到传统媒体屏再到手机屏，屏幕越来越小，所承载的内容元素就越来越少（图9-2）。一群人的戏和一个人的戏一定是不一样的设计，往往是物理空间已经变成10平方米，创作逻辑却还停留在1000平方米。

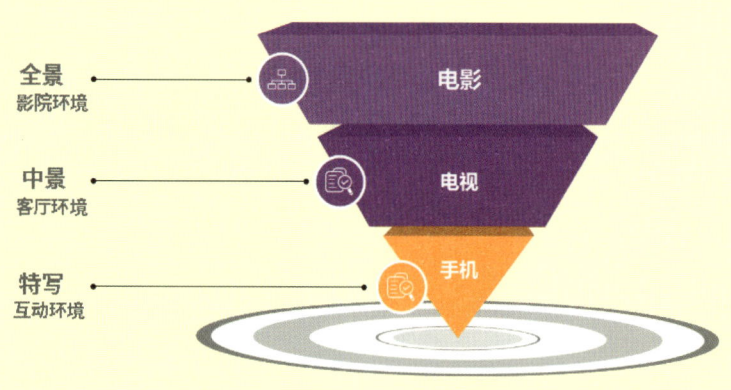

图9-2　传播的空间维度分析

即使都是小屏，抖音、快手分发的比例是9∶16，微信视频号的比例却是6∶7。一个是沉浸式，强调的是视频；一个是留白，兼顾了视频文字。细微的差别就会导致内容的逻辑天差地别。

4. 你认为的新旧之争和现实中的新旧之争

红过，过气了，想翻红。我曾经也是带着这样的心情上的车，但这样往往结果就是，一顿操作猛如虎，结果发现白受苦。

　　　　　　　　　　　　　　　　　　自救：电视媒体的生存突围

你理解的新旧媒体：此消彼长。

真实世界的新旧媒体：求同存异。

5. 了解目前流行的几大平台属性是爬梯的基础

社区　　　媒体　　　社交　　　社群

抖音：强媒体。单列设计，上下滑无脑交互，算法筛选，从公域流量里让你沉浸。内容攫取流量，兴趣攫取电商。抖音看似很难，其实上手容易但做好难。做好一次容易，场场做好难。

快手：强社区。双列设计，交互引导关注评论，形成粉丝积累，形成私域流量。但私域流量很容易形成资源掌握在少数人手中。陌生人依托这些少数人为支点链接成了私有社区。于是大主播们带领着各自的老铁们斗殴江湖，构筑了强"圈层""割据"的生态。快手看似简单但入门难。但过了门，就是一家人。做到了一定体量，就会稳稳当当。

微信：强社交。通过建立通讯录好友关系到建立组织关系，再到建立关注关系，俨然一副基础通讯工具的"香味"，秉承着"人传人"的裂变，"微商大帝"独占鳌头。但是视频号内容，虽有个性化算法推荐，但现在最重要的还是依靠社交关系（熟人）的推荐，必然会产生知识和鸡汤的"伪装者"。否则你点赞了一个好看的小姐姐，然后推荐给了你老婆，画面不敢想象。虽然现在有"私密赞"，但整体来说视频号的社交价值大于消费价值。

小红书：强社群。女性心目中的种草神器，依托视频和文字的辛勤耕耘，一群有共同兴趣、认知、价值观相同的人聚集在一起交流协作，相互影响，同时对产品本身产生反哺，由信任价值带来的社群黏性。既然是小组制，那就忽悠不得，马虎不得，依靠专业内容输出建立起的信任最珍贵。

综合几点所述，在 UGC 的生态里，其实就是一个大浪扑面而来的事，但往往把前涌后退当成了重点与情怀。简单的事情复杂化了，导致热闹盖过了本质。

三、透射维度是消除自我否定和内容增信的中药

1. 题材 VS 规则

传统媒体中心分发，题材为王（模式也统称之）。好题材加上声光电的配合、酷炫的形式，呈现效果是还行的。

短视频规则（算法也统称之）优先，互动推荐。琢磨平台的规则，事半功倍。平台制定规则就是拉新搞日活，适应用户需求的，所以跟

着规则就是跟着流量走。有的时候你甚至要钻规则的空子。举个例子，一个播放量很高的视频，你可以找到分发节奏，毫不改动地发布 3 次，这就是 3 倍的流量（当然这是钻查重的漏洞）。还有制作方法上，如果你是做直播向，在保证需求的情况下拍 20 条剪 1 条和拍 1 条剪成 20 条，20 × 20=400。这就是 400 个单位的效率差。

2. 类型 VS 人设

一个好的传统媒体节目一定能做到投射和共情。做到这一点是取决于你构筑的世界观、题材框架、呈现类型等。短视频生态，时间短高潮急，出手即绝招。这就得需要强人设来带动。以至于美食品牌都是人名，李子柒、王饱饱麦片、钟薛高冰棍儿等。以至于这股风延伸到跨界：三星堆、故宫、武侯祠雪糕，甚至是乐山大佛雪糕。活的有人设，古董有人设，人有人设，佛也有人设。

人设的定律就是垂直下再垂直和真人设，人设真。

例如"张丹丹的育儿经"这个账号，抖音母婴类的头部，绘本之王。张丹丹，金话筒得主。她的人设怎么弄？精英大女主？能干好母亲？这些都是模糊垂类。好在我和她共事多年，彼此很熟。她最期待的就是身边的人又生小孩了，因为她又可以送书了。她对绘本是真看真读真研究，于是把她的人设定在母婴这个大垂类里绘本这个细分垂类。好的人设，说服丹姐"下嫁"短视频，开启了一路开挂之旅。

真人设才能人设真。

垂类好但不是别人好你就好，而是基于自身的资源，你用得好才是真的好。

3. 普世 VS 圈层

这是中心制分发和推荐算法的必然不同的结果。在推荐算法的基础上，一定会产生信息茧房效应（如图 9-3 所示），作茧自圈，圈圈不息。

越喜欢越推送 ◎
平台算法
投其所好

越推送越喜欢
重复价值
快速收割

越喜欢越点赞
切中G点
蜜月拥抱

越点赞越疲倦
日常之痒
边际递减

图 9-3 茧房效应示意图

这也是为什么现在你口中的明星或 KOL 在别人那可能一脸茫然。圈层明星到公共明星，出圈的成本越来越大，因为圈层化的内卷越来越严重。出圈慢慢变成奢侈品。

这不是"躺平"就能解决的，只能内容内卷。

4. 直男 VS 情男

由于传统平台的节目是单向输出，互动机制缺乏，是为直男。短视频的内容，双向输出。无时无刻在互动，随时随地记小本本。套路很深，又爱又恨，是之为妥妥的情男。

跟情男做生意，需要的是绿茶的本事。不是最后轰轰烈烈吵一架，而是功夫都用在日常上。他怎么撩你，你怎么卷他。

四、内容与流量关系暧昧但非充要，交互维度是关键

1. 平视的视角

以主持人和主播为例，主持人是节目的代言人，主播是粉丝的代言人。你代表了谁，你的台本流程话术就是谁的烙印，所以很多主持人带货翻车就是这个道理。主播是粉丝的代言人，而不是货的代言人。只有平视的视角才是能互动的视角，俯视的视角是审判的视角。你愿意跟一个随时要审判你的人互动吗？不会。而交互又是直播生态里的一等一重要的指标。

比如卖衣服的一些主播身材微胖，甚至偏差，但是为什么带货能力很强，甚至超过了颜值身材很好的女生的转化率？因为基于用户的心理会想，她这样的身材穿这个都好看，我的身材比她强些，我穿一定更好看。但是面对颜值身材比自己好的人就是另外一种心态了，羡慕嫉妒恨，还要我买衣服！

一条定律：你是谁；为了谁；谁为你。直播带货的人货场：人是流量，场是留存，货是留神。

2. 延伸到直播带货

现在大家最关注的是直播带货，直播带货一时风云起，一时风云又起。然而潮水退去才知道谁在裸泳。一段时间大量明星纷纷下场捞金，开始还是老老实实卖货，到后来发现卖货转化要么太累，要么太难，于是转向自己最熟悉的通告费，不保量通告出场拿钱走人。当然

很多留下的明星依然变成了一个主播。视角话术运营俨然改变。

直播带货现在还有机会吗？有。要么你有个供应链企业，企业自播。要么你有顶级资源，要么你准备要烧一大笔钱。直播带货链条很长：选品、主播、运营、履约、售后等，一个跨行业的集大成者。机构或企业做直播带货最关键的是组织机制，以至于在直播 ROI 达到某比例时能大量投入资金杠杆来扩大销量。

另外品宣销售是两个概念，但都可以用直播带货来体现。作为一个企业你选择直播带货目的是利用大主播做品宣还是榨取中腰部主播来销售，这是完全不一样的打法和配品思路。很多新兴企业看着直播带货就像拿住了救命稻草，既要又要是不行的。

3. 流量的汲取与吞噬

流量就像一个漂亮的姑娘，开始你看她，然后就想摸她，最后就想拥有她。

可是跟流量一动感情，你就输了。

以抖音为例，核心是 AI 算法。AI 是人对算法代码再进行人工受孕，从 X、Y 到受精卵，再到一个智能机器人。账号是在 AI 算法这个克隆的母体生出来的孩子，你是抖音的孩子，这个母亲爱不爱你决定了你的远大前程。你身上发出的每一个信号，探索身体的每一个动作，甚至每一个呼吸都被她看在眼里，记在心上，以此来判定当母亲的给你喂多少的奶。她有着全世界的孩子，每一个孩子凡走过必留下痕迹的行为又都变成了投喂她的数据食粮。

简单点说，就是她喂你长大，你长大又喂了她。关键是很多时候你还没长大，你就喂没了。母亲与孩子的关系就是这个短视频直播生态的基础底色。如图所示，正母亲身体里，每一个颜色代表着每一个孩子，她孕育着你，同时也吞噬着你。

底色有了，那交易形式呢？你可以把她理解成一个股票大盘。每一个账号就是一支股票，每一列垂类就是一类题材股。有的时候，这类垂类流量涨了，即使内容做得不好，跟着垂类盘也会涨。反之亦然。你保涨抗跌的方法就是做内容的绩优股，分析数据进行预测，并采用一些加持的手法：抖加、粉条、薯条、Feed 等。放心大胆尝试各种工具，不用担心平台收割你学费的工具不够多，不够精准。

我们苦平台久矣，所有人被平台的流量所把持，要穿透平台，做一个行走的流量。这个时候你要培养的人不再是KOC、KOL，而是更高的维度，这样的话流量和身份以及这个人的价值，就能够穿透平台，变成一个在短视频和直播领域真正的明星。到现在为止这些出现得还很少，很多明星、大V、大流量完全是平台赋予的。看谁能先卷出来。

4. 撬动自然流量的阀门才是王道。

买了Dou+，投了Feed，甚至还找了平台的关系，为什么直播间的人气还是起不来？记住，一些流量手段都是为了撬开自然流量的大门。

自然流量撬动有几个指标（民间智慧总结），我们也一直在积极寻找更有效疗法。场观、同时在线人数、人均停留时长、公屏评论数、粉丝团转化等。这些指标如果足够优秀，比如说XX人次，人均留存时长达到了7分钟，算法就会推开大流量池的阀门。当然自家抓留存的方式都不一样，有的从流量端，有的从内容端。为了让创作者的操作越来越简单，平台一些投放赋能工具也会越来越智能化、方便化。这样的大趋势下，内容攫取留存的方法论就格外重要。

什么叫运营，就是细节和试验。流量是给能产生更大价值的人。

五、混沌之间到底该如何直立行走？

1. 弄清内容发展里程的关键拐点，找准切入口

这是一连串能在大家耳朵里磨出茧子的字母。仔细看这些字母的大小写，内容节奏昭然若揭。

自救：电视媒体的生存突围

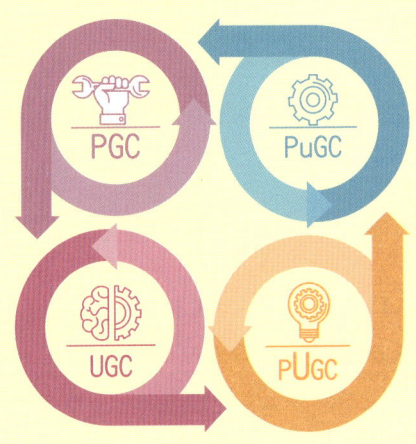

最开始是 PGC，也就是传统平台、优爱腾芒等大型视频平台的制作格式。我们把传统平台比作 1.0 的话，视频网站就是 1.5。分发的渠道从传统平台到网站，突破了线性空间和载体结构，但还是以售卖自制、定制节目的产品在运行，是模式价值。

接着是 UGC 的盛行，平台把他们连接起来，帮助用户之间相互传递信息。创作分发门槛极大降低，信息交流更快，是信息价值。这个是现在时，正是我们经历的这个阶段。

随着 UGC 天花板逐渐触顶，pUgc 的机会就会到来。请注意字母的大小写。这里依然是 U 为基础逻辑，p 在这里只是增益 UGC 氪金的能力。UGC 的信息价值，p 的赋能增益。这个时代已经开始了探索期，随着 P 的变大，我们的机会也会变大。

随后是 PuGC 阶段。这个时候，UGC 的信息链接的边际效益几乎见底，以平台为首的利益瓜分者必然会找新的"盗钥匙"方法。这个时候一定是利用被割得奄奄一息的韭菜（小 u），集全平台之力发展 P，割 PuGC 的韭菜。终极回到 PGC。但此 PGC 非彼 PGC。U 已经变成了 P 里面的一个元素。你看见或看不见，u 都在那里。从 PGC、UGC，再到现在到了 AIGC，大家都讨论得很热，我认为其实只把 AIGC 当成一个生产工具就可以了。

2. 美是第一入口，但有趣的灵魂才是星辰大海

做节目的惯性就是找最好的明星，最好的素人，最好的技术，最好的舞美，活脱脱一个最好组合。短视频生态里的法则是：不一定是最好的，但一定是最合适的。美依然是第一入口，但是现在这个入口已经不难。随着滤镜技术的突飞猛进，展示一副好看皮囊的效率越来越高、越来越快，但有趣的灵魂却是滤镜不能给的。从这一点上来说，短视频生态至少在上镜方面实现了平权。以前靠一双眼睛就能判断他的舞台表现力的时代已经被量变概率学所替代。这替代的背后都是一串串冰冷的数据，冰冷的数据背后就是那重复到极致的 0,1 二进制。

3. 传统媒体感觉和短视频感觉的感觉差

我认为感觉其实是有逻辑的。它是你的所有认知积累到一定阶段，经过大脑算法产生的结果。传统媒体感觉是手艺的量变引起质变，短视频生态的感觉是数据盘点出来的。这个数据包括作品数据和人民币数据。比如我们说的市场上的"投手"，不是天才是理财。

新与旧、大与小，当我们加入新的数据来修正大脑算法，产生了新的公式。等你掌握了新的公式，你就会叱咤风云。

下图是一个短视频做号的感觉逻辑，传统媒体转型过来的人，刚开始开的车是反的，而且还是地板油。

自救：电视媒体的生存突围

0.1目的地	长线还是事件
0.2导航	广告还是电商
0.3站台	短视频还是直播
0.4司机	老司机还是滴滴

4. 差别益差（chā）不易差（chà）

著名艺术大师安迪沃霍尔曾说过"在未来每个人都能成名 15 分钟，每个人都能在 15 分钟内出名"。这个正在发生，而且可能只需要 1 分钟，甚至几秒钟。

信息差：信息不对称带给你的红利，但是会瞬间即逝，这是风口的猎手们喜欢做的，更多适用于营销策略。

内容差：这是在大流量池里的刀锋战士，信息内容必须强刺激。丁真的爆红可以归为这一类，以至于他后来的行为也可以借鉴研究。

热点差：预测即将发生的热点，争取热点空间。这个需要社会学家和心理学家的数据以及对新闻事件的敏感度才能练就的盖世武功。如果练不成，就快速追随热点，总能被烧下身，随火逐流，总能感受到一些久违的、炙热的感觉。

第二部分：信息解构诞生了新的时代，作为 MCN 的单位和组织如何去适应和转型？我们得充分理解打碎和聚合。信息解构的底层逻辑可以分为前自媒体时代、现自媒体时代、后自媒体时代及全息茧房时代四个方面，探讨媒体融合的轻量化转型，"打碎"和"聚合"是转型关键。

一、前自媒体时代：资源分配时代

前自媒体时代是资源分配时代，电视中心分发制，所以它是靠资源分配来主导话语权的。那个时候只要抢到资源，我就可以躺，如果抢不到，我还要继续抢。但是到现在为止资源已经不是这样了。PGC的时代是大生产大宣发，集思广益。UGC 时代是个性化多对多，集一广思。身份也由导演变成了创作者。人人都是创作者，所以数据收集处理，根据用户的需求的快速迭代是互联网的核心要义。

二、现自媒体时代：分众惠普时代

现在是自媒体时代，正是我们现处的时代。两个平台的诞生将话语环境更迭，进入分众普惠的时代。自从 2011 年快手的诞生到 2016 年抖音的诞生，话语权从大单位到了个体，话语权发生了改变，媒体的传播规律就发生了改变，到现在为止还有很多转型的人感到不太适应，是因为他没有理解话语权已经发生了改变，我们发声口、自媒体的传声筒发生了转移，如若我们还按照以前的方法来做就会发现不灵了，不好使了。

2011 年快手上线，2016 年抖音上线。快手严格意义上来说是个社区，快手把话语权放到了更下沉的普通人民群众手中，但是抖音出现以后，把这些人又开始包装成 KOC、KOL。快手像一个所有人都有发

KOC

是 Key Opinion Consumer 的简称，意思是关键意见消费，主要是指那些自己在生活中分享东西，并且能够给身边的人种草影响消费行为的人群。

声权的社区，我在村里，我是一个村长，甚至是一个有话语权的老者，都可以在这个社区里发声。抖音的出现把这些有话语权的人赶出去上大学，再回来造福这个村子，变成了一个上大学回来的大学生，于是两者的传播规律完全发生变化。

三、后自媒体时代：聚合依赖时代

现在是后自媒体时代，这其实是一个聚合依赖的时代。芒果 MCN 是一个开放的生态，我们把各种小的 MCN 集合在一起形成一个大的生态，而且芒果 MCN 这个生态还是向全市场开放的，如果觉得咱们理念相同，都可以加入芒果 MCN 这个生态，共享芒果 MCN 生态这个新的品牌和厂牌。

我们还聚合了一些技术工具，飞黄平台是一个接单平台，众创发是我们正在推的一个小程序，是把所有的 KOC，不完全是靠抖音的职业性的达人，聚合在一起，我们有很多宣发、很多商单需要他们来承接，但他们又不是职业的，他们可能是干了这一单，下一单自己不开心就不干了。这个平台可以把更大数量的人集中在一起，我们来做分发，靠他们的热情来满足商业客户的需求。超级 V 盟是所有广电的痛，很多电视台都有自己的蓝 V 号，粉丝量很大，但是往往在变现和资源方面非常"难受"。

于是我们突然间想到，为何不能把所有广电的蓝 V 号集合在一起，形成这么一个平台，用蓝 V 号的矩阵来把整个资源、市场公关、舆情控制以及企业品牌宣传放在一起，这不是一个更好的事情吗？形成更大的蓝 V 的力量来攻克更难的、更高维度的一些品牌的需求，这正是我们在推进的一个项目，也有很多广电的同仁已经加入了我们这个超级 V 盟的序列。

四、全息茧房时代：信息效率时代

最后就是全息茧房的时代。在推荐算法的基础上，一定会产生信息茧房效应，作茧自圈，圈圈不息。这是一个信息效率的时代，之前是赚差价，现在是赚溢价。以前你不知道我知道，我就赚了钱，现在是你知道我不知道，但可能知道的那个人是个坑。之前赚的是什么？是信息差，但是现在信息的全息以及平权这么发达的情况下，我们赚什么？我们赚信息的溢价。那么什么叫溢价？抖音、快手、视频号，每个人都有自己不同的圈子，我们要做的是在这个垂类里面赚出品牌的溢价，就是靠信息的全息性，在圈子里面做出我们的品牌性，这才是我们现在要做的事情。

MCN 是否有发展前景的前提在于自身的转型是否彻底，破局思路在于"打碎"和"聚合"。打碎是产品形态的市场要求，而聚合则是组织发展的空间需要。

挥手自兹去，萧萧班马鸣。 我们告别了传统媒体的黄金时代，虽有不舍，但必须欣然接收。新的内容和流量的世界，正在呼啸而至。混沌大战刚刚开始，我们的每一个动作都是建立新秩序的一个数据。

你是，我也是。

横看成岭侧成峰，远近高低各不同，我们所有的人从不同的角度看不同的山峰，但是整个"庐山"依然很美，为什么我们不识其中的真面目？因为我们身在此山中。转型有屏障，开始被障眼，终究守得云开见月明。

自救：电视媒体的生存突围

媒体 MCN 的组织架构和运行机制变革

向莅

　　MCN 模式不仅适用于广电系统，也同样适用于具有互联网精神且具备内容制作能力的任何机构媒体、广告公司和新媒体公司，全面的市场竞争环境更加激烈且复杂多变。能够成功突围并在市场上站稳脚跟，必须遵从新的传播规律，适应新的用户法则，不断提高"造血"能力。而这一核心竞争力，不仅仅源于内容价值的不断跃迁和渠道通路的持续扩容，坚持管理创新和运行机制变革也至关重要。

一、变革的核心目标

　　媒体融合改革发展中的组织能力建设，不是说在原来电视台的架构上多一个部门去做新媒体业务，而是从赋能业务发展的目的出发，需要从整个公司体系的底层操作系统开始进行组织架构重构，去建立适应互联网时代的、去权威化的、扁平化的组织管理关系，这对于具有明显组织边界，等级划分严格的传统体制而言，往往阻力重重且难展手脚，但又必须是最先要做的事情。芒果MCN从转型开始，就将机构组织的活性化工作置于优先和超前的地位，进行管理创新和机制变革。

管理创新的核心目标是提升效率。没有效率上的进步，改革结果就是耗费大量资源和时间成本来获得少量的增长，最终转起型来也只能苟且维持、筋疲力尽、观望守成。和传统电视行业的长周期模式不一样，新媒体的环境变化、竞争变化可以说是瞬息万变，上个月被证明成功的模式，可能在这个月就行不通了，加上踏入这个行业之初，谁也没有经验，没有成功的模式可供借鉴，需要大量的尝试和淘汰，那么执行一定要快，效率一定要高，小步快跑才能跟上形势、扩大规模。如果功利心太强，带着浓厚的体制思维和观念，那这个事就比较难成功了。

芒果MCN提效做的第一件事情是流程再造。撤销冗长的纸质流程，全面实行线上流程100%，以往要走3天以上的纸质流程，现在1个小时内完全搞定。我们将所有流程进行拆解，以"效率优先，权责一体"为原则，做好底层逻辑设计，自动送达审批人员，涉及经营的，由公司分管经营负责人终审；涉及重要宣传项目的，由分管宣传负责人终审。流程节点的设置遵循"关键负责"原则，每个流程节点有着清晰且不重复的审批职责，原则上只设一人，非必要不增设节点，尽量简化、高效。同时，流程全程可跟踪，定期形成各节点审批效率报告，拾遗补阙；针对关键的审批节点，还设置了逾期不审批定时提醒功能。

流程提效工作最开始是从财务流程开始的，因为所有的业务流程都绕不开财务这一环。尤其对于传统体制来说，想要业务快速发展，首要就是财务流程的变革，一定是财务的变革去适配业务的发展，而不能要求业务部门来配合财务的固化模式。

二、业务发展期的"前中后台"运行机制

在公司 MCN 业务初期探索、野蛮生长、稳步起盘的发展阶段，我们借鉴互联网公司的管理方式加快转型步伐，2019 年底开始着手中台体系建设，经过两年的探索实践和不断试错，形成了前台、中台、后台的组织架构和运行机制，或可为体制内媒体机构提供业务发展期的优化模板和改革镜鉴。

1. 前台业务部门

实行动态性、灵活性的扁平化管理方式，业务板块成建制运营，鼓励制片人、主持人、业务骨干以工作室模式运营项目。同时，撤销团队里所有主任、总经理、副总经理这些传统机构名称、功能和职责，从上至下只有一个职位名称：负责人。业务负责人直接向总监汇报业务工作，目的就是流程快、效率高。如果每个环节都按原有体制内模式走审批，时间成本太高了，决策赶不上变化。但是，总监直管负责人，其实也是只做导向上的要求和方向上的把控，事前绝对不干涉具体业务，给予业务负责人足够的信任和放权。

在业务探索的这两年，我们的内容产品一试再试，业务类型一改再改，同步业务部门的组织架构也是一调再调，始终以边错边改、动

态纠错来跟上形势的发展。每三个月就会调整业务体系，随着业务本身的开展来做取舍、做裁减、做整合，优化资源配置和运行效率。这些调整大到部门工作室整合、裁撤，小到团队人员重新组合，建立了风险可控，人员可动，薪酬可变的市场化动态管理机制。

经过赛马式的业务发展，公司业务前台形成了稳定的五大业务部门，分别开展短视频、直播电商、视频零售、综娱产业制作、品牌营销业务，每个业务部门从生产到变现，都自成商业化闭环。

2021年初，参照《关于加快推进媒体深度融合发展的意见》《关于加快推进广播电视媒体深度融合发展的意见》，"用好项目制、工作室、产品事业部等各种内容生产组织和运营方式"，"实行灵活运行机制，赋予必要的人财物使用支配等自主权"，等等。我们开始实行全新的事业群管理制度，各前台业务部门自主经营，独立核算，负责人拥有部门人事权、绩效调控、奖金分配权限，自主确定工作内容，负责经营运作；前台业务部门年初和总裁办签订年度目标责任状，年终若超额完成任务，公司将给予高额奖励。

各业务部门自主经营的同时，如何通过协作实现公司整体价值的最大化，也是我们从一开始就强调的价值观。我们通过内部市场化结算的机制，调动业务团队的积极性，相互协同。当有品牌客户的整合营销需求的时候，各个业务团队能够迅速联动起来，集合满足单一客户的不同需求。

2. 中台赋能部门

2020年，公司的业务模型基本跑通，如何快速扩大规模，如何将资源和数据沉淀，并快速复用，那么必然要向技术要效率，进行数字化转型。这本质上是对传统工作习惯的斗争，也是组织思维方式的主动进化。这一年，我们以数据为推手主导组织变革，搭建了以"中台赋能的新组织形态"。

中台是链接业务前台和职能后台的接口，既是业务运行的办事大厅，也是业务运营的信息系统。在公司前中后台的运行机制中，中台进行目标总控并配置资源，需要深度研究宏观市场环境，掌握分析内部资源情况，制定各项业务发展政策和策略，为前台提供专业性的管理和指导，并进行风险控制。中台的建设过程从根本上来说是公司综合能力持续优化和提升的过程，最终的目标是实现业务能力复用和不同业务板块之间的联通和融合。**主要建设三个方面的能力：业务中台能力、技术中台能力、数据中台能力。**

一是业务中台能力，着力推进由传统运营模式到数字化运行的升级，搭建了数字驱动、资源共享、技术支撑、品牌赋能的业务中台体系。我们通过自主研发数字系统，将各前台业务的共性需求进行抽象打造成平台化、组件化的系统能力，以形成企业级解决方案，面向前台应用提供可复用的业务能力。

二是技术中台能力，公司有一支专业的互联网技术团队，建设了账号/达人管理、商单管理、电商管理、项目管理、业务目标动态管理、演员管理、视频/文件素材库等功能的数字流程管理体系。我们的系统通过打造企业业务场景流程，整合企业独立并行的业务模块与财务模块，有效提高内部流程的流畅性以及系统的可操作性，比如短视频广告商单系统，可实现业务与财务一体化管理，高效协作商单结算管理，大大提高财务经营管理水平。

三是数据中台能力。洞察市场信息，监测内外部数据，用数据来为公司业务做决策。更重要的是，需要聚焦于为前台一线交易类业务提供智能化的数据服务，支持企业流程智能化、运营智能化和商业模式创新，实现"业务数据化和数据业务化"。

3. 后台职能部门

职能部门相对稳定，包括人力资源部、财务部、办公室、党务办、联勤保障中心等传统职能板块。我们将后台职能部门的功能定义为赋能和服务，也就是配合前台业务部门的发展，提供快速、高效、专业的资源支持。和传统体制内的设置完全不同的是，后台职能部门与前台业务部门并不形成业务管理关系。

既然定位于赋能和服务，那么后台职能部门需要接受前台业务部门的考核和评价。我们设立了流程"一键加速"、前台月度评分与后台绩效挂钩、投诉等机制，对后台职能部门进行考核，得分低于合格线、投诉超量等情况，将扣减绩效。扣绩效不是目的，而是为了提高执行效率。

总裁办制定运行规则，中台进行系统资源动态调配，后台职能部门为前台业务部门赋能和服务，这一"前台＋中台＋后台"的组织架构和运行机制，保障了公司业务的快速发展和逐步成熟。在组织架构之外，我们还设置了专业委员会如编辑委员会主管公司宣传，经营管理委员会负责公司经营，薪酬与绩效委员会主管薪酬绩效，廉政合规委员会确保公司发展合法合规，等等，是专项工作的规划和指导机构。

在芒果 MCN 业务快速发展阶段，这套机制运行良好，在自觉承担媒体责任，确保导向正确、发展合规、风险可控的前提下，业务流程效率高、执行快，业务团队热情高、干劲足，公司新媒体事业发展稳步前进、持续提升。

三、业务成熟后的"理事会"运行机制

2022 年，芒果 MCN 业务发展基本成熟，业务模式日趋稳定，经营质量稳步提升。为实现打造芒果短视频生态、助力集团公司（台）"建设主流新媒体集团"的战略目标，我们再次对标市场进行管理创新和运行机制变革，来保持企业管理的先进性和机制运营的灵活性。我们以"理事会"联盟形式重构组织架构，搭建了管理体系、服务体系、业务体系三大模块，内设三个专业委员会赋能组织及业务发展，各体系下设置的（中心）部门共 15 个，高能组合，以灵活、敏捷的方式运行。

1. 组织架构

理事会的理事主要成员由公司领导班子成员、业务体系各业务主要负责人、专业委员会委员、总秘书处主要负责人等组成，其中公司领导班子成员为固定成员，非固定成员由理事长提名，党总支委员会批准。

联盟的可扩展性是"理事会"组织架构的核心理念，支持业务模块相对独立性、灵活性运行，扶持"小团队、多赛道"发展，鼓励员工自创业、自驱动。

业务部门以"理事单位"主体加盟芒果 MCN，优化了公司组织架构由垂直管理关系向水平合作关系转移；可扩展性是关键，不仅仅是公司内部业务模块，合作工作室或外部 MCN 也可以作为"理事单位"主体与芒果 MCN 共生共建，为我们业务发展的赛道扩展和产业嫁接、打造芒果短视频生态奠定了坚实的管理基础（图 9-4）。

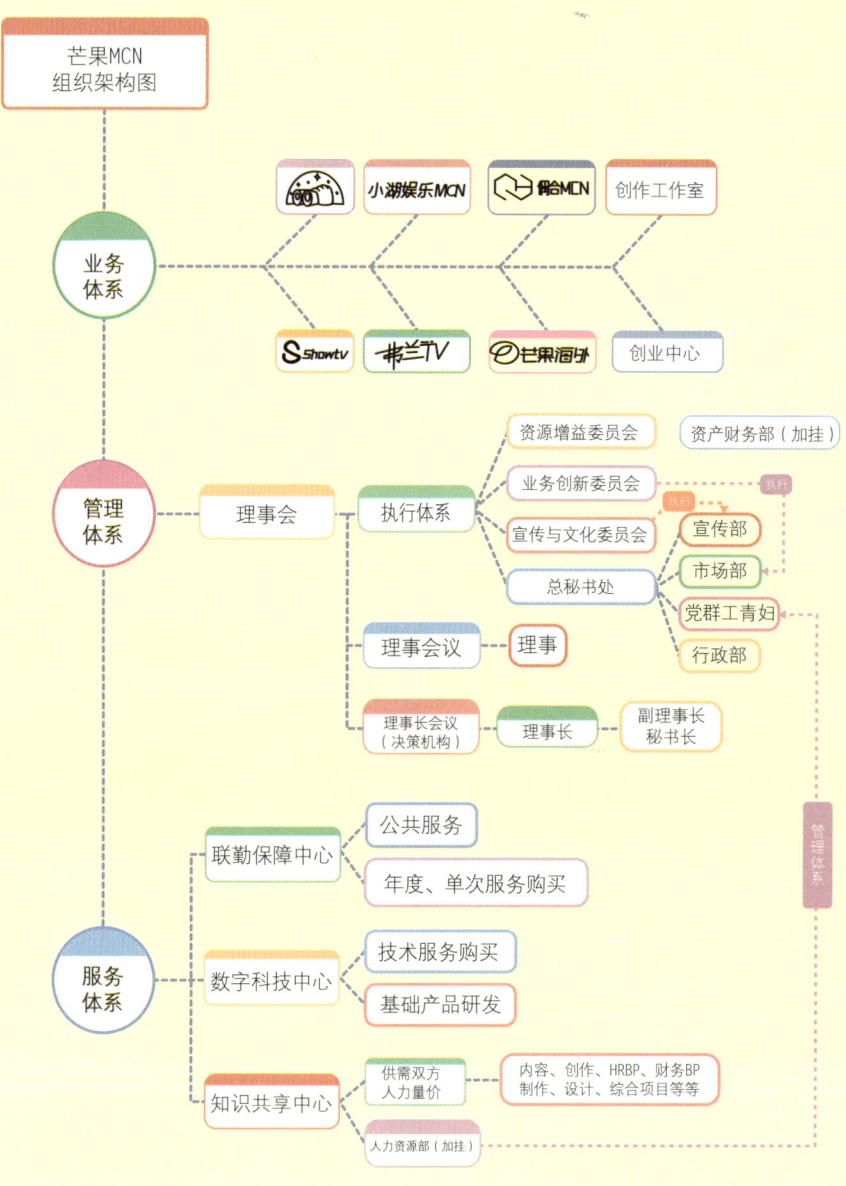

图 9-4 芒果 MCN 组织架构图

2. 管理体系

高质高效的管理体系为前台业务高质量发展赋能增效、保驾护航。理事会设理事长会，是理事会的最高权力机构，实行公司重大事项的集体领导和民主决策。

根据业务发展需求开设专业委员会，深耕专业能力，践行行业和市场规律，负责制订并组织实施专业领域的发展规划、政策措施、执行标准等，提供市场调研、政策建议、业务咨询、信息支持等专业服务，为理事长会决策提供专业依据。根据芒果MCN业务发展实际，目前开设了宣传与文化委员会、业务创新委员会、资源增益委员会。值得一提的是，我们专业委员会的委员是由相关领域内专家、人才、业务能手等组成的专业智库，既可以内部选拔，也可以外部聘用，根据工作需要进行动态调整。

总秘书处是理事会的日常办事机构和信息处理中心，对整个公司的运行效率负责，原来的中台功能平移至总秘书处的市场部和宣传部，分别作为业务创新委员会和宣传与文化委员会的执行部门，承担着公司的市场分析、业务协调、宣传报道、数字资产管理等职能。

此外，资源增益委员会加挂资产财务部牌子，知识共享中心加挂人力资源部牌子，分别承担财务和人力的专业管理职能。

3. 业务体系

理事会的组织架构和运行机制，赋予了前台业务体系在可控范围内相对独立的运营权限，业务部门在内部管理、骨干培养、运行模式等方面具有相对灵活的制度支持。

基于提升运营效率、资源合理配置的考量，在灵活、高效、科学的原则下，我们按照发展阶段和业务属性的不同，对目前芒果MCN的业务体系进行分层管理：S级为主营稳定业务，授予分公司运营权限，除重大事项需请示上会外，原则上在公司政策范围内具有独立的人、财、物运营权，可自主制定对其内部经营政策、营销奖励政策；A级为发展型业务，在业务创新委员会的整体政策和规则范围内开展经营活动，在授权范围内可自主确定经营内容、业务操作细则；B级为支持型业务，鼓励开拓性创新并盘活资源，给予政策型扶持；C级为创新型业务，鼓励员工以小微工作室创业的方式激活创造力、创新力和生产力，给予相应资源支持和经营授权；P级为与外部的合作型业务，工作室合法合规开展业务并自负盈亏，公司原则上不对工作室运营进行干预，提供工作室运营需要的人、财、物等资源支持。

目前，我公司S级业务2个，A级业务2个，B级业务1个，C级业务为公司的创业中心，现有小微创业工作室3个，P级业务1个，马可工作室。这套体系运行高效、成效显著，业务各自发展又充分协作，主营业务短视频账号广告营收增长迅速。

4. 服务体系

服务体系的改革是2023年公司优化运营体系、深化组织变革的重要举措，以内部数字平台（飞黄、蜜接）建设为抓手，推行"服务跟需求"的点对点绩效考核模式，实际需求同步对应的薪酬管理敏捷模式，提升管理有责、服务应求的动态调控能力。

飞黄平台是面向外部开放的短视频内容制作交易平台，涵盖短视频内容生产的所有要素，包括制作人（含团队）、摄像、后期、主持人、妆造等。内部业务部门或外部客户在平台下单、内容创作者（含公司内部员工）接单并交付的自由合作方式，为内容创作者结算绩效。

蜜接是公司内部的资源服务共享交易平台，服务项目包括联勤保障、技术服务、人力资源、财务核算、法务、设计、招标、会务等，可包年包月，也可按次下单，将员工绩效和员工价值量化为接单数据，突破了传统职能型服务型岗位的考核指标难以量化的难点。

四、变革的核心要素

在组织架构和运行机制不断变革、优化、升级的过程中，我们总结出来三个关键的、核心的要素。

一是变革领导者。不仅仅是指最大的那个领导要成为变革领导者，公司的整个管理层都要成为变革领导者。要主动解放思想，积极转变思维模式，打破观念束缚，要有能力给团队带来活力，懂得如何激励创新，"去看看不见的"和"做不可能做的事情"。比如财务流程的改革和提效，没有财务领导的认知转变和理解支持，是不可能改革彻底的。

二是有共同的目标。互联网时代下，公司不仅仅是一个利益共同体，更是一个价值共同体。在传统体制下，选人是基于岗位的需要，因岗选人；在互联网时代，选人不仅仅是基于岗位，还要基于共同的价值观、兴趣和情感。我们一直建设和希望形成的公司氛围和企业文化是——我们是事业合伙人，我们为共同的目标而奋斗。只有大家的目标一致，在同一频率上共事，而不是以服从的态度来做事，转型才有可能成功。

三是找到对的人。我们都希望找到优秀的人，但其实应该找"对的人"。依据公司的核心价值观，来汇聚志同道合者，找到具有共同价值取向的人。这个人可能是在公司内，可能是在公司外，并不像大家想象的那么稀少。就我们公司的经验而言，"外来的和尚会念经"，确实，我们引进的人才在短期内帮助我们快速解决了运营、模式、商业化等困境和问题，但流失的风险也大。发展到现在，公司业务板块的核心负责人都是公司内部自己培养出来的，三个 80 后，四个 90 后。他们能够在转型过程中脱颖而出，基本上都拥有全力转型、敢闯敢创、不固守经验、克服各种困难、抛开自我界限、努力配合协同等创业精神，但最最重要的是，和公司的发展拥有共同的目标和价值观，相互信任。

以上就是芒果 MCN 在不同的业务发展阶段实行的组织架构和运行机制的变革经验。互联网改变的是人与人、人与组织、组织与组织之间的关系，这必然要求传统体制的企业进行一场结构性的变革，用互联网思维重新架构企业的运行模式，以此来打造适应"互联网 +"时代发展的现代化新型组织。

媒体 MCN 人力资源实践问题

张政　王金兰

　　人力资源是企业核心能力的基础来源，芒果 MCN 始终秉承着**"人是根本，也是资本"**的用人理念，充分激活人才，注重价值创造，让每一个人都成为价值创造者并有价值地工作，致力于与员工一起构建利益共同体、事业共同体、命运共同体。芒果 MCN 自 2018 年开始从传统媒体向新媒体转型，为了适应时代需求以及媒体格局的不断变化，改革未停顿、开放不止步，目前已完成芒果 MCN2.0 改革，人员方面历经了从**人事资源——人力资源——人才资源**的演变。至今，核心人才资源已成为了企业价值创造的主导要素。本篇章围绕芒果 MCN 人力资源实践工作展开叙述。

一、人力资源战略规划

　　实践工作中，芒果 MCN 人力资源战略规划的两大基石是盘点和对标。

1. 不定期盘点组织现状

通过对人才的盘点，掌握组织人力资源的现实状况。

从个人层面和组织层面展开人才盘点工作，摸清人力资源现状，对人才进行梳理、评价、再配置，使人才与组织相匹配，机会和人才相交互，进而支撑组织战略的实现。

（1）个人层面：从业绩和价值观两个维度入手，像横竖坐标一样，按照好、中、差将人才分为九宫格状，分类合理使用。

（2）组织层面：盘组织、盘业务、盘组织里人的发展机制，从战略层面思考现有的人跟企业战略、组织之间有什么脱节的地方，怎样做人才管理才能让战略真正落地，让组织真正释放价值。芒果 MCN 在规划组织时，一是根据业务决定组织怎么分布，二是根据人才新设或合并一些组织。

2. 对标找差距

通过人力资源效能管理的对标，找出组织人力资源存在的不足，为后续改进工作提供指导。我司的对标管理一般会选择最强的竞争企业或行业中领先的企业，将本企业的产品、流程、服务和管理等方面的实际情况与这些基准进行定量化比较，分析这些基准企业的绩效达到优秀水平的原因，创造性地学习和借鉴优秀企业的经验，在此基础上选取最优的改进策略和方法。对标管理既是人力资源效能提升的指向器，又是人力资源效能提升的加速器，它可以帮助企业确立有效的人力资源目标与方向，认清人力资源管理的现状和差距，充分学习内外最优实践，避免人力资源管理方面的弯路和错误。

自救：电视媒体的生存突围

二、人力资源的获取与配置

育人先选人，选人须权衡。成功的人力资源获取活动对于构建和维持一个成功的组织体系是至关重要的。组织的成功和组织中人的胜任力密切相关，因此甄选合适的人以及最大限度地激励和留住合适的人是人力资源管理过程中最核心、最重要的环节。以下从狭义和广义两个方面阐述芒果 MCN 的人力资源获取与配置。

狭义的获取：指企业通过组织外部和内部渠道招聘员工的活动。为了更好地进行人力资源管理，HR 在招聘前会先对内部各个职位的工作活动进行充分了解，做好职位分析（Job Analysis）、测评好胜任力（Competency），以及人力资源需求、供给的预测和平衡。因行业属性不同，新媒体与传统媒体在人才的要求与结构上存在着较大的差异与区别，在人才的选、用、育、留等方面也具有其一定的特殊性和灵活性。伴随着行业的快速发展和芒果 MCN 业务规模的不断增长，芒果MCN 的招聘工作一直呈高频动态开展，长期处于求大于供的状态，且人员汰换率高，再加上当代年轻人个性鲜明、价值观多元化、生活方式数字化、缺乏延迟满足感，所以导致人员流动率非常大，最短的留存时间甚至不满 15 天。我司的招聘流程简单高效，完全以业务部门的用人需求为准，以确保人才使用高速周转。HRBP 深入业务部门充分体现专业力、运营力及传播力，与业务共舞，从点亮个体、链接价值、打造成长氛围等方面赋能业务部门。

广义的获取：在狭义的基础上，涵盖了从组织内部发现员工的新价值、通过培训或多元化复用使得员工人力资本增值等过程，即人力资源在企业内部的再配置过程。芒果 MCN 人力资源再配置除了绩效考核或任职资格考核发现人事不匹配（晋升、降职、辞退）、员工职业生涯发展需要（工作轮换）、职位空缺、从组织内部招募（竞聘上岗）、组织业务、形态发生变化（内部创业）等原因及途径外，还搭建了内外部资源平台，将公司的人力资源多元化、多维度、多渠道、多形式再配置，只要员工能创造价值，想创造价值，就可以实现价值，促进"个体价值"最大化，让"强个体"与"好组织"彼此成就。

在人才的甄选和再配置过程中，公司会主动熵减，激活人才和组织，积极拥抱变革，打破惰性和臃肿。

三、以人为本

在用人方面，芒果 MCN 的"以人为本"不是简单以"人性"为本，而是以"用"为本，合适即人才，有用即价值，有为才有位，不求人才最高端，但求人才最合适。信任是对人才最大压力和动力，公司大胆起用新人，采用业务负责人管理制，能上能下，能进能出，让更多的年轻人能得到平等竞争的机会。用工作历练和实践培养年轻人才，在可控的范围内，放手让员工尝试、试错，对年轻人多给予信任和认可。1.0 改革阶段，公司最年轻的干部仅 23.5 岁，我们信任敢于去折腾的人，在折腾中才会有创新，创新是企业生存的法宝。频道班子成员及领导以导师陪伴与榜样的力量帮助年轻人成长，塑造内外通透的学习环境。建立绩效、薪酬、晋升三维一体的机制，打造开放、包容、灵活、柔性的人才引进体系。

目前芒果 MCN 的 95 后、00 后员工占比达 67% 以上。在人员管理中，我们敞开胸怀来接受这些"惊人的孩子们"，营造一个能更好地接纳他们的环境，并为年轻人做好职业引导和规划，建立灵活而自由的机制（如灵活的任务和激励机制），提升工作体验。

为了让企业人才有源源不断的支撑，芒果 MCN 分类、分岗、分层建立了公司核心人才池，将有发展潜力，具备高级专业技能和专业素养的人才纳入人力资源开发视野，通过制定有效的员工职业发展通道及核心人才池管理办法，合理地选拔、培养、评估核心人才队伍，完善核心骨干的长效培养体系，为公司的持续发展提供人力资源保障。我们以半年为时间周期，甄选高潜质候选人入池，进行系统、集中的强化培养，培养内容包括课程培训、在岗实践、承担培养任务、创新成果等。各梯队现职人员本着传、帮、带的原则，根据各自后备人才的实际情况，为其制定针对性强、详细且切实可行的提升培养方案报人才发展小组审批。核心人才池是组织干部选拔任用的蓄水池，核心人才即是源头水，优秀的核心人才将优先获得内部扶持创业的资格和机会。

"新人"和"老人"是企业一直存在的矛盾。芒果 MCN 从传统电视台转型，十年以上的老人占比 20% 以上，为了进一步做好"老人新用"，带领一部分老人快速积极转型，包括但不限于把老人融合到新业务中去，增设适合老人的新业务线。

机构内部公共要素交易平台"蜜接平台"也设置了各类接单专区，尽可能为老人提供更多量化计酬的机会。如：摄像岗在本职工作之余可兼任制片与项目统筹等岗位；联勤人员本职工作外可接项目活动执行、搬家、医疗陪诊和洗车等内部订单；另外也面向具备才艺能力或个人资源的老人定制转型方向，如现有频道声岗位转做抖音个人音乐电台直播；引导原项目岗的老人以个体创业形式拓展外部项目、链接机构内部资源等。针对那些实在无法融入业务中去的老人们，我司每月照常发放最低基本工资，做到不抛弃、不放弃。

四、绩效考核与管理

绩效（Performance），是具备一定能力的人或组织通过符合组织要求的行为实现组织目标的综合体现，包括结果论、过程论、能力论、综合论等。我们坚定不移地推行绩效考核，以考核促进成长，将绩效考核和薪酬紧密地联系起来，营造更好（公平）的分配环境，促使员工改善工作，提高并保持良好的组织和个人绩效。

1. 前台业务体系

前台采用预算目标对比法，芒果MCN组织有多条业务线，将不同业务的人效情况与业绩进行对比，从而对业务的不同发展方向进行差异化定位，结合以下分类处理原则：

（1）高人效，高绩效的业务：属于A类业务，继续保持。

（2）低人效，高绩效的业务；高人效，低绩效的业务：属于B类业务，应改进，加强对人、财、物资源运营效率和质量的提升与管理。

（3）低人效，低绩效的业务：属于C类业务，需进一步重新思考业务发展，明确业务方向。

（4）连续三个月时间低人效，低绩效的业务：属于D类业务，各项指标持续为负，可"关停并转"。

（5）对于变革业务的人效，重点在于为了培育的新业务能够快速在公司内生长出来，可视特殊情况给予不同的资源配置和发展机制。

人效是组织能力的最佳代言，同时也是"滞后性"指标，"滞后性"指标代表动作行为产生的结果，客观数据呈现业务需求和组织人力改进方向。人效越高，人力资源越倾斜，越能形成核心竞争力越倾斜；高杠杆效率、撬动产出弹性和价值越大越倾斜。

2. 中后台业务体系

中后台则采用360环评的考核方式，主要用于工作岗位的分析以及管理人员的能力评价、筛选与安置。更多强调全方位客观地对员工进行考评，既注重考评员工的最终成果，又将员工的行为、过程和个人努力的程度纳入考评的内容，使得绩效考评更能客观全面地反映员工的表现和业绩。被考评者除了自评，再由上级、同级、下级和（或）内部客户对被考评者从多个角度进行360度全方位评价，通过跨部门各工作交集参评者给中后台工作人员多提客观意见，让中后台打破狭窄框架效应，不断增加锚点，达到改变行为、提高绩效，从而以更高的水准服务和赋能业务部门。公司领导班子成员躬先表率，高度重视并大力支持。

而绩效管理本身代表着一种观念和思想，代表着对于企业绩效相关问题的系统思考和持续改进。芒果MCN的绩效管理，强调动态与变化，强调对企业或组织全面和系统的理解，强调学习性，强调不断地自我超越。孤立地、片面地、静止地看待绩效管理，很容易使绩效管理陷于机械、出现僵化。

五、激励行为

人都需要激励，需要自我激励，需要得到来自同事、群体、领导和组织方面的激励。有效的激励政策，能够为企业营造良好的竞争环境，吸引大批优秀人才来企业工作，同时还能够充分开发员工潜在的能力，让员工发挥自己的主观能动性。激励机制从多学科视角又分为激励的心理学视角、激励的经济学视角、激励的管理学视角，在管理学看来，激励是以管理者为主导的活动，是管理者通过满足员工的差异化需要从而激发其正确行为动机的行为。芒果 MCN 机构员工多为知识型员工，具有较强的自主性和独特的价值观，还具备较强的成就动机、强烈的个人发展的流动意愿等特点。知识是重要资源，拥有知识的人不再是一种成本或者一种工具，而是一种资源、一种人力资本。而知识共享不是自然行为，是在各种各样的影响因素下，由掌握知识的个体决定知识共享行为是否发生，以什么形式发生。工作中，我们分别从以下诸多方面开展激励，提高工作者的生产力，提升企业的核心竞争力。

创新管理——营造一个宽松自由的创新环境，树立崇尚创新、鼓励创新的新风尚，让企业的每一位员工都有可能成为创新的源泉；目标管理——企业是一个利益共同体，员工首先是要对自己在企业的利益认同，进而才能对企业的目标认同；员工关系管理——和谐的员工关系也是生产力；人本管理——将人当作自由的、自立的个人加以尊重，人才能发挥出自己的聪明才智；权变管理——灵活和适应性是管理的灵魂，权变管理是网络时代知识员工有效的管理模式；组织人管理——一个人只有把自己当成组织的人，才能成为企业有用的人才；参与管理——通过参与，形成员工参与企业的归属感、认同感，可以进一步满足自尊和自我实现的需要；自我管理——新经济时代，以个体为主的行为将会愈加突出，无论是在团队活动中，还是在个体的自主行为中，个体都需要靠自我来管理等。

六、芒果 MCN——大数据与人力资源管理

数字技术正以前所未有的速度向前发展，社会进入了全新的数字经济时代。大数据、云计算、人工智能、物联网等技术的出现不断颠覆着人们的生活方式，也促使行业间前所未有的相互渗透，并从根本上改变着商业环境。为了在飞速发展的环境中立于不败之地，企业数字化转型势在必行。然而当企业迈向数字化转型第一步时，所面临的关键障碍不是来自技术或市场的变化，而是没有足够的数字化人才来支撑公司未来战略发展的需要。大数据意味着一个大时代，对于企业来说，无论是管理者还是技术，都应具备可应对变局的适当技能、领导人或营运架构。结合当下环境，芒果 MCN 基于长青发展，将进一步打造学习型组织，通过学习型组织来实现企业的突破性创新；提升人才的高质量发展与人力资源管理效能，加速推进企业高质量发展；培养和储备数字化人才，推动数字化的转型升级；优化人才知识结构，数字化与智能化时代也是人的认知革命与知识大更新的时代，数智化时代更加呼唤创新，因此，企业要走出曾经连续性的成功经验曲线，真正实现颠覆式和原创性的创新成长。在管理领域，尤其是人力资源管理领域，必须要进行新一轮的全员认知与思维革命，进行经营管理与数字化技术知识的大更新。

新媒体财务工作中的
实际问题

胡军

一、如何做一名"懂业务"的财务人员

执行"财务 BP"制度，推进"业财融合"。财务 BP 是 Business Partner（业务合作伙伴）的缩写，作为财务部代表，进入业务一线，了解业务、提升效率、控制风险，协助业务部门完成经营目标。

那怎么才能成为合格的财务 BP？

简单说：在一起、懂业务、提建议，随业务团队共同成长。

1. 工作原则

量化业务（不是简单机械的记账和统计），经营成果用数据量化；运用商业（财务）模型进行分析；设置指标反映事业部业务运营状况。

2. 工作技能

数据处理能力（用好 Excel）；表达能力，

学会使用可视化工具展示经营数据；财务分析能力，短期盯紧现金流，从哪里获得的，又流到哪里去了，保证相对充裕现金流，长期跟踪盈利能力变化，月度、季度变化趋势，投入产出比（roi）、净资产收益率（roe），等等；协作能力：智商、情商。

3. 工作方法

依法合规为业务服务赋能；参加业务团队复盘，带着问题思考：目前流程是否影响效率？当期业务效益怎么样？（预算执行率、收入利润同比环比变化等）；目前业务有哪些潜在风险（法规政策、行业、团队等）。

当然，这需要经过人员培养、团队磨合、机构数字化建设等过程。

二、如何准确的进行财务核算

短视频新媒体业务类型多样，下面就机构两项主要业务阐述。

1. 短视频广告业务

（1）收入确认问题

新媒体广告发布数量多且单次金额较小，为适应市场快速流转的要求，无法按照传统的屏幕广告业务流程进行核算：签订合同—预收广告款—确认播出单—监播对账—核算播量。根据短视频广告业务的特点定义收入确认的要素。

① 合同：长期合作的客户（渠道），按照公司制度签订框架合同，定期对账、结算；其他零散客户，通过公司邮件、格式订单等可验证形式。

②价格：依据短视频账号后台数据面板、市场对标账号广告刊例及市场供需关系等，制作发布当期广告刊例，作为收入金额确认依据。

③收入确认：根据会计核算原则，规范收入权责发生制确认原则，以视频发布为标识进行收入确认。

（2）成本核算问题

短视频属于非标准化生产，不像传统制造行业，产品成本包括料、工、费等一般能够标准化计量。内容品质和成本之间往往存在矛盾。如果过度控制成本，可能会影响创意，导致视频内容达不到预期效果。同时，如果不对成本做出限制，高成本的短视频也未必会满足客户需求。

解决方法：根据财务制度，协助业务部门建立有效的成本控制机制，不能盲目降本，但也得保证成本支出真实性、合理性。同时建立有效的考核机制，细化成本颗粒度，将内容生产人员的奖励与毛利挂钩，保障视频内容质量的同时，节约成本，提高商业化效率。

（3）应收账款管理问题

新媒体业务应收账款余额较大，占用了大量流动资金。有些应收款账期甚至数月到一年以上，不仅影响资金流转效率，还增加坏账的风险。由于新媒体业务大多没有预付款，部分广告客户可能存在信用不良、逾期未付等问题，容易导致坏账风险。

解决方法：逐步建立客户信用管理制度，对新媒体业务的客户进行信用评级，根据信用等级给予授信及授信额度。加强应收账款催收管理，建立应收账款催收管理制度，定期对逾期应收账款进行催收，并将应收账款回款纳入商务人员绩效考核，降低坏账风险。

（4）新媒体业务财务内控不健全

解决方法：依托公司自主开发的万灿系统—广告单管理板块，通过系统归集业务营收、成本、现金流数据信息，拉通 OA 系统，将经营过程线上化、数字化，加强内部控制。

2. 电商业务

（1）公司刚开展电商业务时，缺少电商系统，难以准确统计销售收入，归集成本，影响财务核算、决策的准确性。

解决方法：引进电商销售 ERP 系统，实现销售数据、成本数据信息的半自动化管理，核算会计再对相关数据进行整理、修正。ERP 系统减少财务工作量，提高核算精准度。

（2）电商业务涉及大量的商品采购且采购价格变化频繁，商品采购成本核算不准确，将影响利润和库存管理。

解决方法：完善采购制度，制定商品采购流程和标准。根据电商业务发展要求，公司自主开发供应商库、商品库系统，对销售商品进行全面的信息管理，定期更新相关信息，确保商品采购成本的准确核算。同时根据商品库采购成本管控最低售价、监控商品毛利，确保商品利润率。

（3）资金流转效率：不同电商平台都有各自结算规则和账期，商品交易、货款的收付不同步。

解决方法：研究各电商平台结算规则、结算周期，定期核对应收应付账款余额及账期，根据供应商评级安排结算支付。

三、如何做出"看得懂"的财务分析报告

业务部门大多看不懂财务部每月出具的资产负债表、利润表、现金流量表。为了帮助业务团队了解当期经营情况，财务 BP 一般都用 Excel 简表进行收入、成本、应收应付、毛利、利润等汇总计算，而各自不同的 Excel 使用习惯以及对数据不一样的理解，最后展示出来还是一张张满布数据的表格。

解决方法：制作统一的可视化报表模板，关联各财务 BP 的 Excel 简表，在不增加人员工作量基础上，提升报表展示效果，帮助业务团队看懂财务分析报告。可视化报表由收入利润（经营能力）、经营净现金流（经营安全）及人均贡献等关键指标构成，用直观可视的柱状图、饼状图、折线图替代 Excel 表上枯燥的数据。如图 9-5 至图 9-10 所示。

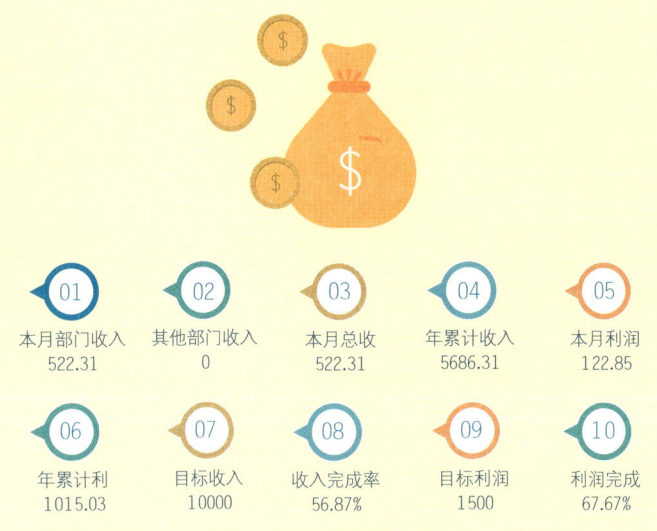

图 9-5 可视化报表

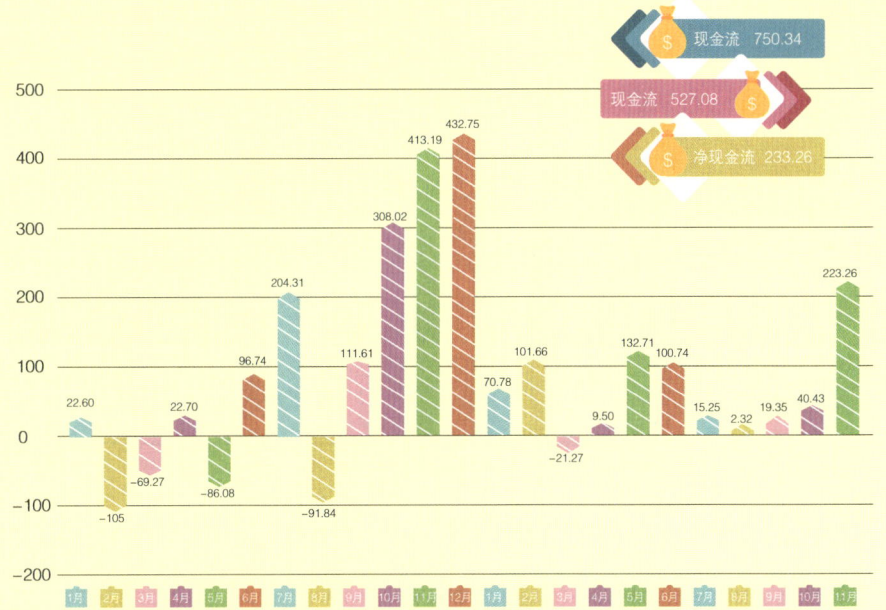

图 9-6 现金流柱状图分析

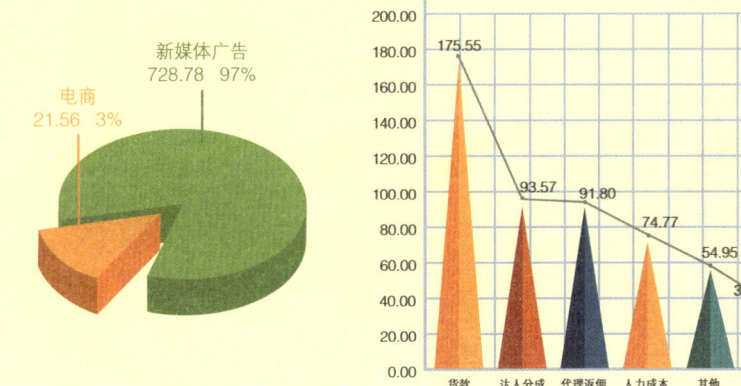

图 9-7 现金流入类型分析

图 9-8 现金流出类型分析

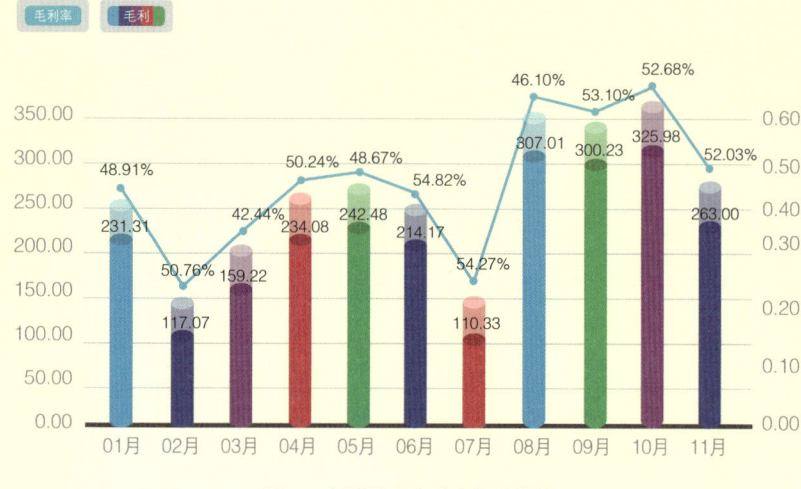

图 9-9 新媒体广告成本构成分析

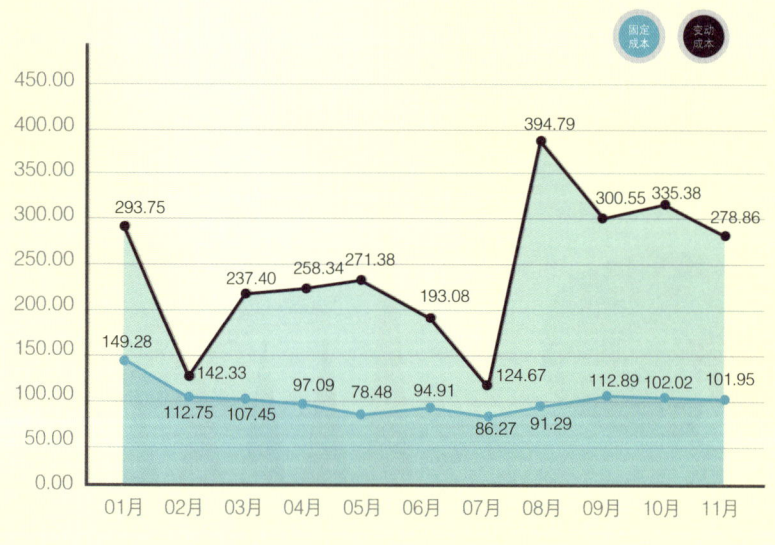

图 9-10 新媒体广告成本构成分析

自救：电视媒体的生存突围

媒体 MCN 业务形态下的主流宣传怎么做

郭晓华

媒体 MCN，既是全面参与到市场竞争之中的 MCN 机构，也是肩负传播价值理念、守住意识形态阵地重任的媒体单位，在新媒体时代，媒体 MCN 如何继续发挥党和政府的喉舌作用，如何创新发展主题宣传，如何加强媒体 MCN 的宣传能力，如何规范宣传管理，都是一个新的课题。

一、潮起来，主流宣传要赢得年轻的心

牢牢抓住年轻的心！这是推动主流宣传的首要秘籍。

作为"网络原住民"，年轻人才是移动互联网时代信息消费的主力军。对于媒体 MCN 来说，内容、产品赢得年轻人就赢得了受众，赢得了年轻受众就赢得了未来。

在信息传播去中心化、话语权均化的趋势日益明显的当下，年轻大众社交与获取信息的方式在改变，人们对社交模式与信息获取模式的需求也在改变，媒体 MCN 要如何才能赢得年轻人的关注、认同以及信任呢？媒体 MCN 如何在互联网主阵地发挥独特优势，推动主流宣传，芒果 MCN 的探索心得是：强策划、正引导、年轻态、好内容。

1. 创造优质的内容，主流宣传大胆"走花路"

在元宇宙、AI 智能、废话文学等传播概念和玩法层出不穷的今天，年轻人的信息世界被日益翻新的潮流所包裹，要脱颖而出吸引到受众的注目，优质的内容依然是第一主旋律。无论是呈现形式、文本表达还是内容选题等，我们的宣传方式请大胆抛开过往的晦涩高冷、枯燥乏味，尽情地拥抱活泼有趣、另类新颖、创意频出。比如，唱出来的会不会更好听？相对于冗长的文字，受众更愿意为简洁明快、高颜值、动态炫酷的内容买单。"魔性"的音乐，欢快有节奏的 MV，不仅能够增强传播的可看性和生动性，为主流表达"锦上添花"，甚至还有可能"化腐朽为神奇"。

三星堆上新的金曲《我怎么这么好看！》就取得了极佳的宣传效果。年度爆款《早安隆回》对隆回的宣传推广效果更是举世瞩目。比如，演出来的会不会更生动？微短剧作为一种情节冲突密集、制作周期短、体量较轻的内容，具有题材灵活、适合反转、互动等特点，现在正成为优秀的宣传载体，被广泛运用。通俗易懂的剧情更易吸引观众，打破文化壁垒，达到宣传目的。

比如年度爆款《逃出大英博物馆》，用拟人化的手法，将小玉壶化为一个活泼、爱国、乐观的女孩，赋予其生命，将文物的组合关系比作家人间的亲密关系，戳中无数网友的泪点，引发观众对历史的记忆和对文物归国的探讨热潮。国家反诈中心推出的反诈微短剧系列，也成为长红爆款。另外，经典 IP 互动、技术＋创新，乃至各类花式融梗、魔性剪辑、风格诙谐的"整活"……主流宣传方式的"走花路"，便是为了更深入年轻人，让文化教育、政策传递、警示提醒更加深入人心，在欢乐中达到良好的宣传效果。

2. 多链条推动年轻人积极体验与传播，营造爆款宣传

传统媒体的传播方式基本属于单向传播，缺少与受众的互动，导致在一定程度上影响传播效果。媒体 MCN 通过短视频为主的传播方式，与受众的互动性更强，信息更丰富，方式更灵活，经过积极主动的策划，其实可以取得更好的主流宣传效果。

2021 年，芒果 MCN 联动湘潭市委宣传部、湘潭市文旅广体局及湘潭市广播电视台推出的"当红不让新青年"湘潭城市推介短视频大赛，就通过短视频等新媒体传播方式，以青年朋友为主力，以抖音平台为推力，充分向外界展示了兼具人文底蕴和青春活力的湘潭城市新形象。"当红不让新青年"湘潭城市推介短视频大赛自 2021 年 12 月启动，历时五个月，吸引了约 2.1 万人从湘潭的人、事、景等方面，用当下最潮流的短视频方式参与比赛，高潮迭起，热搜不断，全网播放量高达 7.5 亿，湘潭在全国相继出圈。近 4 万条作品全方位、多角度、深层次推介了湘潭这座红色之城、文化之城、山水之城、美食之城，塑造了湘潭文旅新名片，用年轻人的语态、视角展示了伟人故里新形象，取得了非常好的宣传效果。

"传播主流新风，赋能美好星城"，2023 年五一期间，芒果 MCN

又联动长沙市网信办组织推出了"长沙24小时不打烊"我爱长沙推广大赛，在抖音、小红书、视频号多个平台发力，通过多链条融合传播，以"打卡长沙躺吃式旅游"为话题，聚集年轻人积极参与创作，话题视频总播放量破2.5亿，为长沙的网红经济增添了新的活力与表达。

年轻人对新生事物的接受能力更强，接受速度更快，表现欲与创作力也更强，因此媒体MCN在主流宣传中积极调动年轻人的参与感，加以正向、科学的引导，通过优质内容的引领，能更好地促进优质文化的传播。

3. 共情传播，正能量有大流量

党的二十大报告提出"加强全媒体传播体系建设，塑造主流舆论新格局"，媒介技术的日新月异和后真相传播叙事时代的到来，引发了社会信息传播、接收、反馈和呈现语境的不断变化。网络空间的虚拟性、瞬时性、交互性、开放性等特点不断地增强用户情感感知的敏锐性，社会群体的情感诉求日益强烈，情感的表达特征和表达方式直接影响新闻信息的传播力和影响力，媒体的情感属性日益凸显，"情感性"成为全球新闻实践中日益受到关注的话题。因此，在信息传播过程中放大情感的作用，加大情感价值的关照，在情感传递过程中进行情绪和观点评估，从而可以达到更大程度共情效果，实现更大范围的传播。

中国共产党中央委员会宣传部每年在春节期间组织的记者深入基层采访的"新春走基层"活动，是新闻宣传战线的优良传统，在短视频时代，我们有没有更好的共情方式和传播形态，以发挥更大的传播效果呢？2023 年春节期间，芒果 MCN 就采用"PGC+UGC"模式，以 # 回家过年湘当韵味 # 为主话题，在抖音发起《2023 年新春走基层——回家过年湘当韵味》短视频征集活动。UGC 参与式传播，不同于自上而下的单一大众传播模式，而是一种参与性、地方化、横向和自下而上的传播系统，广大网友从自身的角度，用短视频记录回家过年的点滴生活，生动展现了乡村面貌发生的巨大变化、全国各地的春节习俗、新春过年攻略、回家的温暖瞬间、喜气靓丽的"新春妆容"、新年聚会实用技能……一幕幕暖人画面，散发出温暖，一个个坚守场景，充满了干劲，一行行奋进足迹，传递着信心。

UGC 的积极参与，相较于 PGC 时效性更强，话题参与度更广，视频内容更加丰富多彩。"回家过年湘当韵味"活动共有 11 家 MCN 机构，聚合 100+ 抖音账号参与，累计发布作品 500+，上线两天 # 回家过年湘当韵味 # 抖音词条播放量破亿，六天破 2 亿，历时十六天，视频总播放量超 5 亿，"2023 年新春走基层"抖音词条播放量超 2.8 亿。在大流量的传播中，一批有高度、有深度、有温度、有影响的视频内容得到了广泛的认同。

在三年疫情结束，大家尽情享受归家的温暖，同时又对新的一年充满期待充满美好向往的时代情绪下，芒果 MCN 切中人民普遍的情境与情感，以情绪感染、态度认同、行为支持的传播引导，充分发挥了新型主流媒体的责任担当，积极引领着"向上向善"的美好生活方式。

二、活起来，主流意识形态安全管理的方法论

MCN 机构短视频内容有着节奏快、数量多、时效强的特点，因此在内容安全管理上，尤其是应急机制上提出了新的课题要求。从多重维度加强对新媒体主流意识形态安全的认识和理解，针对新媒体主流意识形态安全存在的问题，以社会主义核心价值观引领新媒体发展，健全新媒体信息安全防范及保障机制，并着力完善主流意识形态传播的内容体系，以有效应对复杂信息洪流中的意识形态安全危机，这对于媒体 MCN 来说，都是重中之重。

芒果 MCN 的主流意识形态安全管理心得是，政治纪律要挺在前，基本原则要坚定清晰，运用能力需不断提升创新，内容形式则得灵活开放。

新媒体具有开放性、交互性、全面性等特点，其以最前沿的互联网技术及移动通讯技术为支撑，形成了信息传播优势，这对宣传管理来说是优势也是考验。

巩固和加强新媒体主流意识形态安全，不仅要以强大的思维能力为支撑，同时还需要从制度层面加强设计，形成常态化的风险防范和保障机制，确保和提升主流意识形态安全工作的效率，使新媒体主流意识形态安全真正得以实现。为此，芒果 MCN 建立了完善的三级审查制度，保证每一条视频都需经过账号初审、部门二审及机构三审的三道关卡方能上线发表。

在主流意识形态安全管理上，有几条经验可供分享。

（1）三审人员必须具备导向敏感、专业素质过硬等能力，责任心

强、不断学习，这是基本。芒果 MCN 发挥传统媒体优势，采用有二十年媒体宣传经验的资深人士担任机构终审工作。遇到重大题材，则必须经过总监及分管宣传副总监审定。

（2）安全把关中，首先必须正确认识和理解新媒体主流意识形态安全的三个维度：

①目标方向维度。新媒体主流意识形态安全应确保"旗帜"和"方向"的正确性，加强党对新媒体主流意识形态安全各项工作的领导，使新媒体成为党有效领导主流意识形态安全工作的新阵地；

②舆论安全维度。新媒体主流意识形态的舆论安全，体现为最大程度地确保围绕主流意识形态安全问题的新媒体舆论实现健康正向发展，并将积极的舆论汇聚成为维护社会主义主流意识形态安全的正能量话语流；

③价值安全维度。通过社会主义核心价值观对新媒体发展的引领，将主流价值标准融入新媒体传播，融入大众的思想观念，构筑起保障主流意识形态安全的思想防线。这是媒体 MCN 的价值准则。特别是在价值观念多元化，价值评判标准多样性的背景下，新媒体主流意识形态的价值安全将有力地应对复杂社会思潮的激荡，实现核心价值观的主导引领与多元价值观包容共存的有机统一。以上是我们把关评判的根本依据。

（3）在稿件审核、签发、推送机制上，充分尊重年轻创作者的表达，要"活"。三审把关主要是对重大、敏感、复杂题材进行把关，对政治性等大方向进行把关，而不去过多纠结和修改遣词造句，不要古板僵化，确保内容创作上的年轻态。

（4）提升议题设置能力。面对重大节点、重大宣传主题，如抗击新冠肺炎疫情、庆祝中华人民共和国成立 70 周年、党的百年华诞、冬运会、大运会等，媒体 MCN 要积极策划，全面整合优势资源，坚持融合创新，围绕各阶段目标要求，提前策划有创意、强网感的宣传方案，有步骤推动实施，充分展现在主题宣传方面的引领力。在议题设置上，对于公共议题的舆论引导，我们要在原生态的舆论场中寻找共情点和同理心，让重大宣传主题和社会大众的关注点同频共振。

（5）三审人员固定，责任清晰，追罚明确。

（6）技术上，线上逐级审批，通道格式规范，设置科学，杜绝漏洞。

（7）保持信息畅通，随时随地，不嫌麻烦，抢时间，保上传。

（8）对于阶段性的热点、敏感点，从上至下，有前期提示和重点把关的责任和能力。对于焦点、重点内容及拿捏不准的问题，逐级要有提醒和报告，沟通前置，确保安全。

加强习近平新时代中国特色社会主义思想的学习研究、强化社会主义核心价值观对新媒体的引领作用、健全新媒体意识形态安全危机防范及保障机制、改善新媒体主流意识形态传播内容体系，这是媒体 MCN 主流意识形态安全管理的根本要义。

三、爆起来，媒体 MCN 要敢于要流量

在这个移动互联网的时代，内容供给无比丰富，技术手段层出不穷，媒体 MCN 的主流宣传工作，也是一个在激烈市场竞争中争取人心、凝聚人心的工作。当传统媒体不再占据渠道优势，我们要让广大百姓尤其是年轻人认可我们传递的思想理念，接受我们的价值主张，

肯定要有流量思维。另外，流量首先也是 MCN 得以生存发展的基础。因此，加强主流宣传的前提必须是加强流量思维，要敢于创新，敢于要流量，才能有未来。

不要害羞，追求爆款，就是主流宣传的重要目标。

让正能量实现大流量，让大流量澎湃正能量。要提升产品创新能力。一方面，可有意识打造现象级产品，兼顾长短线，使长线有"精品"，短线有"爆款"；另一方面，要提升新媒体传播力。媒体的内容创作只有与主流意识形态回归、社会情感升级同步偕行，关照广大群众的价值坚守和对真善美的追求，才能真正解锁流量密码，触达人民群众内心，成为传得开、留得下，为人民群众所喜爱的优秀作品。

用技术创新推动运作效率

皮竞 李娇

一、背景

湖南娱乐频道从 2018 年开始尝试传统媒体转型 MCN 机构，到 2021 年底时，芒果 MCN 签约账号突破 1000+，粉丝数量突破 4 个亿，并逐步形成了以新媒体短视频广告商单为主，达人直播带货、内容电商业务并行的业务盈利模式。随着业务的成熟和发展，MCN 业务运行呈现出多账号、碎片化、周期短的特点，这对于机构的运营和管理效率提出了很高的要求，各部门对业务 / 管理增速提效的系统工具需求越来越紧迫。

作为内容生产组织方的电视台 /MCN 机构，在从传统媒体向新媒体的转型实践中，传统长视频的内容生产方式渐渐不适应于短视频创作的方式。长视频内容生产方式往往需要较长的制作周期，涉及多个步骤和人员，包括创意策划、预备制作、实地拍摄、后期剪辑等。而短视频能采取更快捷高效的制作方式，例如使用手机进行拍摄、简单的剪辑和特效处理等，能够更快地将创意转化为成品。另外，由于社交媒体平台的快速传播和用户消费的需求，短视频的更新周期相对较短，短视频的生产频率也要求生产方能够更加敏捷地组织生产流程。

新媒体业务过程复杂而繁琐，以新媒体短视频广告商单业务为例，相较于传统电视节目广告，短视频广告商单业务具有项目单笔费用小、项目频次高等特点。在每一条商单视频的发布过程中，涉及到达人分成、渠道公司返点、投流推广、商务业绩提成等多项成本信息的管理和核对，使得整个业务显得繁复。另外，作为新媒体行业中近几年风头最盛的直播带货业务，也面临着品多不好管、主播多不好管、人员业绩统计难、团队协作难等问题。

新媒体行业对精细化运营的要求也日益提高，对海量数据需进行科学的整理统计分析，转换为机构的业务能力，从而为管理者的决策提供帮助。每一个账号每一条视频的播出、投流数据都需要进行监测，并通过对大量数据的分析和拆解，以更准确地了解投流效果，进一步优化推广策略，提高投放的效果与转化率。另外资源管理和分配不当也会导致一些账号存在被忽视或发展不足的问题。

为了解决业务／管理效率提升和同时沉淀业务数据的挑战，只有通过引入数字化系统，提供全面的业务支持和自动化的流程管理，建立完善的系统和机制，实现账号管理、流程管理、团队管理、数据统计等一站式的解决方案，才能实现业务活动的高效执行和资源的优化配置，同时，通过数字化系统的数据收集和整理，有效沉淀业务数据，并进行深度分析，从中获取洞察力和决策依据，推动业务的持续改进和创新。

但在此之前，市场上尚未出现专门针对 MCN 机构的成熟数字化产品，因此，以数字化转型整体驱动生产方式、经营模式和产业升级变革，发展数字化 MCN，这一意识逐渐在芒果 MCN 的发展道路上生根发芽。芒果 MCN 决心以解决自身业务需求为契机，自己组建研发团队，通过对 MCN 机构业务的深入研究，开发针对自身业务的数字中台，全力推进数字化转型。

二、举措

自 2020 年起，芒果 MCN 组建研发团队，积极调整管理模式和组织架构，以工具数字化、商业模式在线化和组织模式重构为方向，逐步推进数字化转型。

1. 工具数字化

通过运用各种数字化工具和方法，提升特定业务节点或业务流程的运营效率。例如，针对业务部门内容审核效率低下的问题，开发移动版内容三审系统，实现了对文本、图片、音视频、直播、文档等融媒体数据的全覆盖审核，帮助内容审核团队统一管控和实时审查，提高审核效率。针对业务流程中人员和设备组织困难的问题，开发人员和设备报单系统，简化组织过程，提升运营效能等。

2. 商业模式在线化

积极探索在线化的商业模式重构，包括业务供应链在线、业务流程在线和营销体系在线。利用数字化技术重构业务和组织，将业务SOP转成线上化，逐步实现一切业务线上化、一切业务数据化、一切数据业务化。例如，针对达人账号管理难的问题，搭建了完整的KOL管理系统，集中管理达人、账号、签约合同和账号数据等关键资源；对于短视频商单业务，建立了商单管理系统，实现了商务下单、AE执行、财务审核和结算全流程线上化，重构了业务流程，提高了运营效率；针对直播带货业务，搭建了直播电商系统，从项目招商到品牌接入、商品样品管理和选品，再到主播管理和直播排期，数据都可以被记录并高效联动。

3. 组织模式重构

整个机构的数字化转型过程一直围绕着组织架构调整、管理模式重构来做全方位的组织变革。芒果MCN成立了专门的数字化推进领导小组和数字科技部门，推动数字化变革的落地实施，以优化企业的组织模式和管理模式，让整个机构的管理和组织更灵活和扁平；同时在机构内部搭建多个供需关系应用平台，通过市场逻辑进行企业资源的对接和调配，从而促进企业资源的合理高效整合和配置。

在此过程中，为了加速组织内容生产模式的去中心化，开发了短视频内容生产制作平台，解决了内容生产力不足和业务生产效率低下的问题，并逐步向外推广运营，成为面向整个内容生产制作行业的通用解决方案；为了更好地评估行政后勤、人力资源、财务法务等部门的工作量和工作水平，开发了面向公司内部的资源服务共享交易平台等。

三、成效

整个数字化转型的过程中，芒果 MCN 深耕新媒体业务，自主研发出一系列数字化工具和产品，囊括业务管理、资源共享、制作交易等多方面功能，为机构的发展注入了新的活力。

1. 打造数字化业务平台——万灿

为了解决机构业务数字化问题，通过数字化系统和工具，赋能业务，实现效率提升和数据沉淀，芒果 MCN 针对 MCN 业务运营过程中的多个业务进行了针对性梳理和开发，打造了多个数字化工具和业务系统，形成了基于 MCN 业务的数字平台——万灿，并逐步发展成为芒果 MCN 员工进行业务管理和数据沉淀的标配工具。

万灿平台的建设始于 2020 年，至今已经形成了一个综合产品方案，涵盖了用户管理、权限管理以及各种 MCN 形态的业务流程管理，并逐步打造了多个适应 MCN 机构需求的优秀产品。

（1）KOL 管理系统：KOL 系统作为达人和账号管理的重要数据系统，集成了机构所有自孵化和签约账号的详细信息，包括账号信息、达人信息、刊例信息、视频数据、账号数据、合同信息、分成信息等内容，可以为 MCN 机构的账号管理团队提供全面的数据支持。

（2）商单管理系统：作为短视频商单业务的项目管理 ERP 系统，商单管理系统集成了广告商单项目的基本信息、项目成本、项目成员、项目进度、项目动态等内容，帮助 MCN 机构的业务运营团队更加高效地管理商单项目，确保项目的顺利推进和成功交付。

（3）达人电商系统：基于直播带货商业模式，涵盖了商家商品提报、商品选品入库、坑位订单录入、每日商品排品、供应商管理、财务结算等内容。通过达人电商系统，MCN 机构能够更好地管理主播，提升商品销售效果，并实现供应链的优化管理。

除此之外，万灿平台还提供了诸如内容三审系统、发票核验系统、设备租借系统等多个满足 MCN 机构业务需求的工具产品，并致力于为MCN 机构业务提供全方位的系统支持和解决方案，帮助机构提高工作效率、降低成本，实现更好的业务管理和发展。

2. 建立短视频内容生产制作平台——飞黄

随着短视频市场进入存量时代，竞争加剧，这促使 MCN 机构在保证优质内容产出的前提下节约成本，站在投入产出比上来说，机构自己养制作团队存在养人成本高、团队风格固定、地区局限性等问题，而这些问题基本都源于机构内容生产制作的中心化。要形成去中心化的内容生产，需要有不受地域、不受选题、不受时间限制的内容视频量产能力，这需要围绕视频创作，建立一套高效的线上生产流程，用科技解决传统短视频内容生产制作中心化、生产产能低、创意匮乏、成本高，且视频质量无法长期保持稳定等痛点问题。

2021 年开始，芒果 MCN 管理改革创新，利用技术方式来突破管理固有模式，孕育新机会：在机构内部搭建供需关系应用平台，实现内容生产的去中心化管理，促进企业资源合理高效的整合和配置。

（1）各个生产要素（摄像、灯光、音频、导演、后期）入驻平台，实现生产要素供应链在线。

（2）生产需求方在平台上按需招募，生产要素根据需求方的要求自由组合，实现生产。

（3）平台构建完整的核算体系，硬 / 软件（人员 / 服务）费用核算。

（4）平台留存内容生产全部数据，沉淀内容生产流程。

（5）用合理的商业竞争方式筛选出真正有需求和有能力的供需双方。

（6）生产实现个人价值最大化，个人根据能力自由复用于各种需求中。

在这个过程中，芒果MCN将平台应用范围从机构内部扩大到整个供应链市场，立足底层逻辑和顶层设计对短视频内容生产制作流程进行系统性变革，以互联网思维创新性地打造了短视频内容生产制作平台——飞黄平台，将编剧导演、视频拍摄、后期剪辑、演员模特、传媒公司、传统电视台、代运营机构、MCN等行业上下游内容创作者链接起来，高效协作，为各大中小品牌主、网络达人、企事业单位、广告主、代理商等持续供给优质内容。

在飞黄平台上，创作者可以自由接单，并完成客户的短视频内容制作、剧本创作、视频配音、出镜演员等多种服务需求。同时，客户可以在平台上发布海量且特定的内容需求。平台方则负责整合行业资源，优化生产制作模式，搭建内容生态，高效撮合双边市场，为供需双方提供多维赋能支持，推动内容产业链更快发展。

为了更好的支撑和配合平台的研发，芒果MCN基于飞黄平台成立了飞黄创作者联盟，飞黄创作者联盟为平台的内容生产部门，汇聚机构的内容优势，将机构的摄像、后期、导演等内容生产制作相关人员全部入驻平台，成立飞黄自营团队，机构其他业务部门在飞黄平台上给飞黄自营团队或入驻的其他创作者下单。飞黄创作者联盟同时也是平台的运营支撑，保障平台的日常运营，为飞黄的内容生产体系搭建做服务支持。

在此过程中，根据市场趋势与变化，飞黄创作者联盟以创作者为核心，及时调整飞黄平台的创作者运行体系，不断向市场上开拓新的制作团队和个人，对制作团队／个人进行筛选和评级、签约与淘汰等多个步骤。严格的流程和自营团队的加入，才能保障高品质作品的稳定输出。

2022 年底，飞黄平台产品功能已成功覆盖了从客户发单到评价、创作者入驻到提现的全流程。同时产品已经上线了微信小程序，并在苹果和安卓应用市场上发布了飞黄 APP。经过近两年的内部运营，经核算，飞黄平台帮助芒果 MCN 在短视频内容生产制作业务成本上实现了 24% 的降低。在此基础上，飞黄创作者联盟开始向外推广运营，首先从同行业的客户入手，逐步扩大平台客户的范围，拓展平台的影响力和用户基础。截至目前，平台已经入驻创作者 1 万 +，入驻客户近800 家，月度需求数已经达到了 500+，成单率高达 91.25%，2023 年上半年，全平台订单量为 2870 条，平台总流水 468.7 万元。这充分彰显了以平台方式来解决去中心化生产，提升内容生产力和生产效率路径的正确性，同时也为芒果 MCN 构建了一个全新的业务模式，给芒果MCN 赋予了更大的灵活性和可持续发展的潜力。

3. 推出多个辅助管理提效的产品 / 工具

在整个数字化转型的过程中，为了提高管理和运营效能，还推出了多个辅助管理提效的产品和工具。例如，为了更好的评估行政后勤、人力资源、财务法务等部门的工作量和工作水平，开发了一个面向公司内部的资源服务共享交易平台，名为"蜜接"。目的是通过数字化方式，更好地评估和优化公司内部中后台部门的工作效率和服务水平，进而提升整体运营的效能。

开发了 360 环评系统，以更全面地评估员工绩效，使每个员工可以收到来自同事、上级和下级的反馈与评价。这种全方位的绩效评估促进了员工之间的合作和互动，有助于发现潜在的问题并提供具体改进的建议，员工可以通过这个系统了解自己的优势和改进的方向，从而更好地提升个人职业发展和整体团队的绩效水平。

为了应对日益增多的数据量，解决整理数据的难题，开发了针对 MCN 机构的数据驾驶舱系统，用来简化数据收集和整理，集成和展示大量数据，并提供直观的可视化功能。通过这个工具，管理层可以轻松地访问和理解庞大的数据集，快速洞察和提取有用的信息，并进行及时决策。

四、探索思考

以上平台、系统、工具的相继推出和运营，不仅是芒果 MCN 在数字化领域探索和实践的成果，更是在平台建设能力上布局新媒体领域的重要里程碑。

芒果 MCN 数字化转型的初心是为业务部门开发增速提效工具，同时积累数据资源，支持娱乐频道的融媒体转型，然而，芒果 MCN 模式本身就包含了 MCN 机构的多种形态，市场上的 MCN 机构以及希望转型为 MCN 的电视台、电台等，在芒果 MCN 开发的万灿、飞黄、蜜接产品中都能找到相应的应用场景。

万灿平台为 MCN 机构提供了全面支持其业务流程所需的各种功能和工具。通过万灿平台，MCN 机构能够更加高效地管理达人账号资源、合作伙伴关系和营销策略，实现业务的规范化和标准化，提升了机构的工作效率和竞争力。飞黄和蜜接两个平台，能有力地促进供需双方快速对接资源，提升服务水平，减少组织运营中人为因素的影响，极大地减少组织管理压力和管理成本，也能为 MCN 机构发展提供助力，提升竞争优势。

芒果 MCN 数字化转型实践，将为其他机构提供宝贵的借鉴，为传统媒体树立榜样，在未来的竞争中，芒果 MCN 将继续保持积极探索数字化领域的姿态和坚定数字化战略眼光，通过持续创新和优化迭代数字产品，进一步助推 MCN 机构实现业务管理的优化，为行业带来更多创新和发展机遇。

后记

单一维度的成功其实很容易掩盖企业持续发展的危机。个体角度能否抓住成功，主要看你是否有不达目的绝不罢休的执念，能否实现思维的转变，在于你思考的力量和坚持的力量。但从机构角度，这样的特质如何灌注到企业制度、流程或者文化中，成为群体性的习惯动作，其实是我们转型改革一直在意的重中之重。这些探索目前并没有最优解，仍然随着我们自身对监管内容和要求的理解而不断调适。坦率地说，这是一场关乎效率和稳定的拉锯战。规矩由宏大叙事的历史而来，不容挑战，而规律则需要微观灵活的姿态，两者的平衡点，大概就能勾勒出企业的经营尺度和发展空间，对此我坦然接受！

Chapter 10

运营 TIPS，
尽是干货，
快收藏

做号技巧｜抖音快速起号的基本 SOP

5G 时代，最大的营销就是抖音营销。

据调查，每天有 4.3 亿人在刷抖音，平均每个人刷 70 多分钟，抖音是风口浪尖上变现最快及流量最大的短视频平台。

那么，我们该如何抓住时代机遇，快速做一个抖音号呢？

从我们的经验来看，在抖音账号运营步骤中，账号定位是基础，也是后续实现爆发增长、商业变现、持续生存的第一步。做抖音的目的是什么，需要把这个问题放在开头问问自己。

对于抖音用户来说，在做账号之前必须思考以下几点：你是谁；你可以输出的内容是什么；你和别人差异化在哪里；用户为什么选择看你。换句话说，你要在用户心里给你的"账号"找到合适的定位，形成深刻的印象。比如你想做母婴领域的抖音账号，那你就可以塑造母婴行业的专家形象，当这种形象越深，用户对你越信任，你的抖音账号的价值就越大。

一、新号调研，确定账号类型是关键

账号侧来说，一个合理的定位，可以让用户对你产生深刻的印象，定位是一个比较宽泛的概念，而对于抖音来说，就是打造一套有别于其他账号的概念和认知。

自救：电视媒体的生存突围

举个例子，一谈到美食，我们可能就能立刻想到美食达人"噗噗叽叽"，想要看治愈类美食内容就会打开她的抖音。

或者很多人想到美妆，就立刻能想到"小鱼海棠"，这就是定位的作用。

只有用户对你产生认知，才会有后续关注、点赞的动作，才会在你没有初级平台推送的时候，能够主动想起你的账号并浏览你的内容。同时，会让你的每一个流量，更具备商业价值。所以，从本质上来说，做好账号定位也是解决你商业效率的问题。

确认账号类型的前期调研工作非常重要，我们一般会先洞察各大平台的最新风向，看看当下市场流行趋势是怎么样的，通常浏览的有36氪、微博、今日热榜等网站。除此之外，在星图、飞瓜等第三方平台上，抓取平台爆款视频并作总结，也是必备动作，爆款拆解不仅能够帮助我们快速了解其视频共性，在拆解竞品时，更利于我们掌握当前赛道的多种表现模式。

表现形式：真人出镜、漫画拟人、宠物、图文、PPT 等，在这些形式中，分析现有的资源，确定其中一种。

类型：搞笑、剧情、测评、解说、干货、榜单、技术等，最好以具体运营人的专长，来决定类型。

行业：美食、旅游、三农、教育、娱乐、科技、职场、美妆等，公司想要做抖音，其实一般来说，已经对行业有所倾向，这一部分是比较容易决定的。

框定了这三个方面，其实用户群体差不多也就确定了。

二、做好账号定位的具体实操步骤

1. 选赛道

在开始做一个新账号前，要先考虑好账号的行业方向。热门赛道有更多成功案例可以参考，相对而言竞争也会更加激烈，而小众领域虽然内容受众面不够广，但更容易做出创新的优势，近几年来，平台垂直内容更受用户欢迎。图 10-1 列举了各垂直赛道的头部账号。

图 10-1 各垂直赛道头部账号列举

2. 定功能

选好赛道后，就得明确账号功能价值，也就是说，我的账号可以切切实实给用户带来什么价值，为他们提供什么服务，给用户一个关注的理由。比如可以是教程类、测评类、剧情搞笑类、母婴育儿类。

3. 找角色

角色定位，决定用户以什么姿态看你，是仰视、平视，还是俯视。

通常情况下，打造仰视型的人设有三要素：一是人设 / 角色有突出的品格，二是经历稀缺，很难二次复制，三是在专业领域有一技之长，比如 @cici888 的家宴，凭借着精湛厨艺、昂贵且罕见的食材以及明星家宴宾客，快速成为美食赛道的头部达人，粉丝数成功突破千万。

平视型人设通常是"优点与缺点并存"的普通人，更接地气儿，也是生活中比较常见、大家更能产生交集的人，比如家人、朋友、同事等等，比如 @晨晨，一对逗趣的姐弟互坑日常。

俯视型人设更多是搞笑、娱乐观众的存在，基本没有什么偶像包袱，常通过故意扮丑、反串等演绎来达到搞笑的效果，比如 @祝晓涵。

4. 设计人设的辨识度

IP 的建立：在表现形式、类型和行业的基础上，赋予账号人格化，所谓的辨识度就是，有能够让观众迅速记住你的点。打造人设的辨识度可以从人物性格、经历、穿搭、口头禅等方面来入手。

5. 建设完整的账号画像

达人自身特点、视频内容交流方式、属性标签会决定吸引用户群体的性别、年龄、城市。

在完成完整的账号设计之后，简练概括"这个账号是做什么的"。如果能够用一句话来表达，那么说明对于账户的思考是很清晰的。如 @cici888 的家宴：优雅名媛、厨艺佳、食材罕见、明星家宴宾客。

6. 参考对标账户，优化调整

优质的对标账户，可以帮助我们更好地调整自身账户的内容，那么怎样找到优质的对标呢，可以打开我们的第三方数据平台，通过榜单寻找对应行业的优质账号，比如想对标母婴类账号，可以在行业排行、涨粉榜单中勾选其行业标签，继而锁定对标账号。

7. 养号动作

前期准备呈现周期短。过程简单易操作，但却很有必要的特征。在注册账号的过程中，切记一定要用数据流量，避免同一个 WIFI 下受其他账号影响；竞争对手账号关注（用于模仿借鉴以及养号）。准备条件的周期，一般为一周，即你列出的一切条件，都是能在一周内搞定的。

完善并规范账号头像、昵称、个签等基本信息后，接着可以通过抖音后台检查账号权重问题，同时，可以刷账号对标的同类视频，保持账号的活跃度，完成基础的养号动作。

新注册的账号先养着，在正式开始发布抖音创作内容前，先养号 5~7 天，主要的目的就是为了增加账号的初始权重。养号就是模拟真人行为，点赞、关注、评论、分享、看直播、在线时长（每日 1 小时左右，分上下午进行），刷的这些内容，需要和内容定位有关，是垂直领域内的内容。

8. 参考账号装修，完善内容展示

账号主页参考：

1. 昵称：一般分为两个类型，一是突出人设，二是突出账号功能。
2. 头像：有人设尽量真人出镜，图像清晰，有辨识度。
3. 背景：与账号定位相结合，突出账号的属性。
4. 介绍：博主信息 + 账号介绍 + 更新时间 + 商务方式。

视频封面参考：

1. 人设号建议突出出镜人设，加深观众记忆度。
2. 封面带上视频关键词，更能激发观看兴趣。
3. 连续剧集封面保持系列感，整体观感上统一。

9. 运营注意事项

账号运营初期，要重点关注账号发布的前五条视频，视频发布之后的自然流量、完播率、点赞率、评论率、转发率等指标变化，是运营端需要密切关注的，这也是决定视频能不能进入流量池的关键，当完播率达到 40% 以上，视频质量属于优质，更容易产出爆款视频。如果初期视频播量不超过 500，就需要及时和制作团队沟通，看是否需要通过内容转型来优化视频数据。

10. 推广

视频制作完成，上传推出后，推广是必不可少的。

从内部入手：前期没有粉丝，只能发动身边亲朋好友，保证初期的完播率、点赞量和评论量等；从外部入手：用户喜欢短平快，最好的方式就是利用 DOU+ 上热门，通过规划每个月的预算，以保证每条视频的点击量等。

投流策略 | 揭秘千万级账号的投放秘诀

近几年抖音流量快速增长，很多新生账号也借势爆发，今天与大家分享一下公司这几年的投流经验，千万预算背后的操盘经验，以及我们的血泪史和所感所得。

我们都知道，在抖音的自然流量池中，视频内容表现得越好（播放量、完播率、互动率、关注率），所能得到的曝光机会就越多，比如一条视频发布半小时播量1万，如果完播率在15%以下，那么再半小时视频播量的增长3000到4000次，如果完播率高于15%，那么视频下一个半小时的播量增长就能超过5000+，这是基于系统完播率对播量影响来测算的。在这个过程中，DOU+可以从自然流量池中为我们补充播放量。

如果视频内容优秀，也就是完播率、评论率等用户反馈指数优秀，那么DOU+可以让你更快地获得更多的播放量。相反，如果用户反馈指标较差，再多的播放量辅以DOU+会加速内容的"死亡"。这就是为什么很多人投了DOU+后，播放量越来越少，甚至无消耗。

一、抖音投放类型

系统智能投放：系统会智能匹配可能对该视频感兴趣的用户或潜在粉丝。如与你视频进行过互动的账号，与你的粉丝相似的人群等。

自定义定向投放：自主选择想要看到视频的用户类型，比如性别、年龄、地域、兴趣标签。在投放前，需要分析视频的受众群是哪些，在此基础上进行自定义投放触及到的用户会更加精准。

达人相似粉丝投放：自主选择将视频投放给账号标签相似的达人粉丝。抖音官方建议选择 5 位以上达人进行投放。

在这三科选择当中，后两种可以最大程度发挥 DOU+ 效果，其中自定义定向投放更适合于带货类的抖音账号。

投放 DOU+ 时，要根据你的视频受众画像与运营目标，尽量精准地投放给相关人群，省去一些无效的投放费用。

DOU+ 投放注意事项：投放时先用一个小额测试的方式，拿到基础的转化数据。然后根据它在小单元测试的转化效果，进行一个二次的推广。

二、各阶段的投放侧重点

1. 新号阶段

新号在视频发布量不多的情况下，账号权重、用户画像、内容标签都不是确定的，这段时间多关注新视频发布的自然流，通过观察账号完播率等指标来进行投放，一般完播率在 15% 左右，我们就可以选择投放，那具体是什么样的投放方式呢，针对于新视频，我们可以采取多种投放方法混合使用，比如在视频发布 6 小时内，关注其流量变化趋势，用小额选择定向和智能两种投放方式，来测算更符合账号的投放模型。在定向和智能两种模式下，哪种效率更好，就可以开启追投。新号运营一段时间后，账号产生一定量的曝光，且自然流量表现较好（一般前五条视频要破 500 播放），此时根据运营需求，可以重点投放其粉丝目标，助推其账号完成该阶段的涨粉 KPI。

2. 账号稳定期

粉丝量稳定后，账号曝光的需求也逐步加大，这个时候投放重点应该是在爆款视频的数据维护上，利用爆款视频带动其他视频的流量。这个阶段的投放策略，更应该关注其账号用户画像、对标账号的流量情况，因此投放策略上，可以选择定向、相似账号投放。定向可以选择性别、年龄、地区、兴趣标签等维度，越是精准地选择，越能吸引到精准的用户群体，有助于打造健康度高的用户画像；相似账号投放，即可以选择一些对标账号作投放参考，这些对标账号与自身账号粉丝量不能太悬殊，账号内容风格、人设调性最好差不多。这两种方法都是为了帮助账号加大曝光，快速打上账号标签，吸引目标群体关注。

3. 账号转型期

账号运营中会遇到诸如涨粉难的瓶颈期，内容团队也会开始思考内容升级、账号转型，运营端在跟踪账号转型时，应该重点去关注转型的同类账号，转型内容先投相似账号，运营侧可以自己筛选一批对标账号，每次选择 5 个对标账号去投。一般发布 2~3 条视频后，账号会完成转型，标签和对应用户画像也会随之调整。而当新的视频播放量爆了或者逐渐稳定了，就必须把之前的作品全部隐藏，注意不要一次性隐藏多条视频，可以按天分批次来操作。

三、投放时间怎么定

虽说DOU+的投放效果和视频内容有着强关联，但合适的投放时间，也会让投放效果更佳。

一般来说，有三个时间点是抖音平台的流量高峰期，分别是中午12点—14点，下午17点—19点，晚上20点左右，这些时间点平台粉丝活跃，投流效果也更佳。

视频发布后2~6小时也是较好的投放时间段，在关注自然流走向时，及时进行投放操作。当然每个账号内容不一样，人设热点也自然不同，投放时间只是一个参考，只有自己初期不断尝试在不同时间点投放，搭建自己账号的"数据库"，才能更好的为内容创作和DOU+投放提供参考。

四、什么情况下适合投放

1. 作品发布后30分钟

播放量卡在500、1000、5000、1万的边缘池，直接投一笔DOU+推进下一个流量池。

2. 作品发布后 1~2 小时

点赞率达到 5~10%，转发率、评论比达到 1%，能达到这几个数值，说明作品有了爆的苗头，这时投一笔 DOU+ 助推，距离上热门更进一步。

3. 作品发布后 3 小时

作品播放量＞3000 且粉丝量＜1 万直接投一百 DOU+；作品播放量＞1.2 万粉丝量在 1 万 ~10 万之间；粉丝量＞10 万可直接投作品质量好的视频；除了时间维度之外，根据内容发布后的反馈程度也可以适度投放 DOU+，具体表现在以下两个方面：

（1）视频本身自然流量较好

投前根据自然流量判断用户视频发布后，该视频的自然流量上涨较快，建议尽快给该视频投放 DOU+，具体表现在（二选一）：

① 视频播放量同时间周期内高于同账号其他视频自然流量。

② 视频播放量超过 1000。

（2）流量停滞

若优质视频出现播放量停止上涨的情况，建议尽快给该视频投放 DOU+，具体表现在：

① 优质视频：该视频播放量高于同账号其他视频自然流量。

② 停止上涨：视频播放量每小时增速小于 5%。

DOU+ 投放的金额选项有五种：100 元、200 元、500 元、1000 元、2000 元，还可以自定义金额，金额选择在 100 元至 10 万元。在预算有限的情况下，小额多投这种方式算是比较稳妥的。

投放 DOU+ 时，要根据你的视频受众画像与运营目标，来尽量精准地投放给相关人群，省去一些无效的投放费用。

五、总结

最后，还是要强调投放只是辅助账号运营的手段，而不能做到雪中送炭。

实际上账号内容质量才是能让账号获得大量曝光的关键，优质视频不管怎么投都会爆，如果视频质量不过关，那么投放 DOU+ 也不会有好的效果。

所以建议大家在投放 DOU+ 之前可以把视频的质量提高，为DOU+ 的投放做好铺垫。运营端在投放过程中要持续观察视频流量的变化，总结其账号的投放策略，赋能制作侧，产出更多的爆款。

爆款秘籍 | 短视频爆款背后的底层逻辑

你是不是还在羡慕人家一个视频上万，甚至几十万点赞？其实想要打造一条爆款视频，掌握一定的技巧会事半功倍。

芒果 MCN2023 年上半年，上榜全网热搜超 3500 次。一条视频的爆火可能具有偶然性，大量视频的爆火背后一定是有原因的，每条视频的火爆都是制作人提前埋点策划出来的，成功绝非偶然。

下面我们将拆解爆款短视频，为爆款视频打造可复制化模板，让你吃透短视频，玩转爆款。

一、爆款底层逻辑

短视频在互联网上迅速传播的背后，其核心驱动力是什么？答案就是互动率。

为了在各种平台上吸引更多的用户，我们需要转换思维，站在平台的角度去考虑问题，创作出对用户和平台都有益的内容。当然，内容的品质和吸引力是基础，能够让用户在平台上停留更长的时间。只有这样，我们才可能得到更多的流量，从而让我们的内容有机会走红。

那么如何让平台认为我们的内容是优质的呢？其实，抖音等短视频平台的流量分发机制采用的是流量池进阶机制。如果我们的视频在初始的小流量池中就失去了活力，那么它可能就无法获得更多的流量。

因此，我们不能仅仅依赖于制作出优质的内容，还要懂得用互动数据来触发平台的算法（如图 10-2 所示）。在用运营思维打造爆款短视频的时候，一定要关注以下数据：

主要参考互动率：**完播率、转发率、评论率、点赞率、购物车点击成交率**；次要参考互动率：**转粉率、首页访问率**。其中**完播率 > 转发率 > 点赞率 > 评论率**。

所以，想要打造短视频爆款，我们所有的工作都必须围绕着提升互动率来进行。这是吸引更多用户、扩大账号影响力的核心策略。

二、爆款短视频实战攻略

在理解了短视频爆款的底层逻辑后，我们来深入探讨一下如何实际操作，设计出同样受欢迎的短视频。

我们通过拆解分析 1000 个爆款视频，得出了一个黄金公式，即**爆款视频 =3 秒黄金开头 +2~5 个爆点 + 白金结尾**。这个公式能帮助你的视频迅速获得点赞和评论。

1.3 秒黄金开头

视频的前 3 秒是吸引观众的关键。一定要在这段时间内制造出冲突点，这些冲突点可以是大家痛恨的行为、激烈的争吵，或是引人深思的问题，也可以是最近的热点事件。总之，这短短的 3 秒钟要让用户感到被吸引，让他们的注意力快速集中。

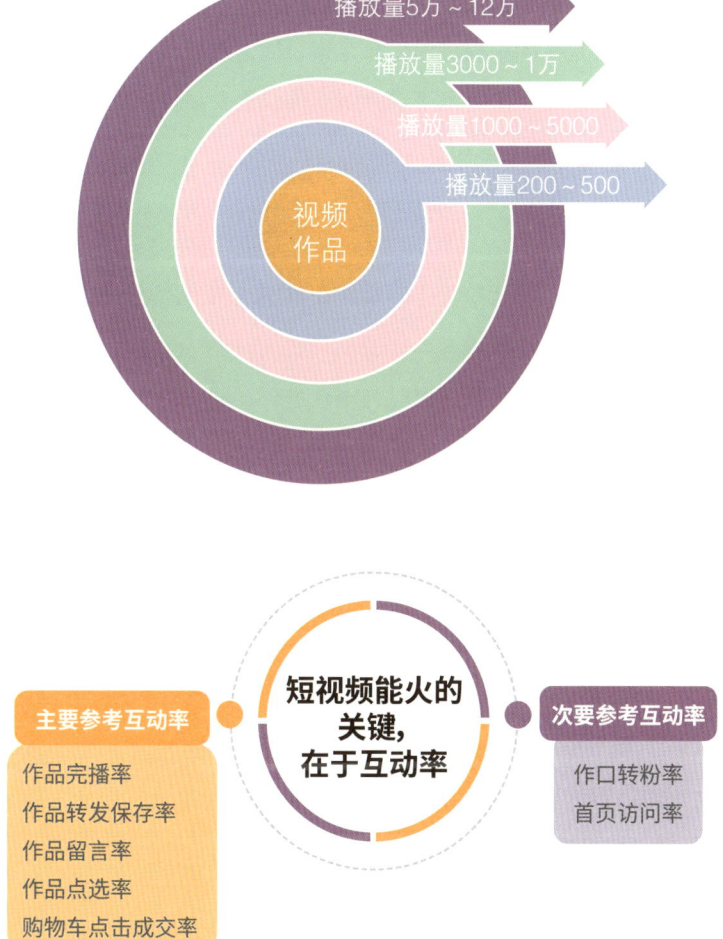

图 10-2 视频互动率图解

2. 2~5 个爆点，爆点密集

爆款视频中一般都有 2~5 个"爆点"，也就是能引发用户讨论的点。这些爆点是视频中提供的信息丰富、能引发思考的部分，也是用户可以发表评论的点。一般来说，爆点的设置要尽可能密集，这样可以提高互动率。

3. 白金结尾

好的短视频，其结尾往往能给观众留下深刻的印象。以下是我们推荐的三种结尾方式：

互动式结尾： 在视频结束时与观众进行互动，例如询问他们是否有类似的经历。

共鸣式结尾： 在视频结尾处说一句容易让人产生共鸣的话，鼓励观众转发分享。

反转式结尾： 在视频结尾部分剧情反转，制造出反差，让人留下惊喜和笑料。

4. 发布与运营

发布后的操作同样重要。发布者要对视频进行评论，进一步引导用户的讨论。另外，要适当地删除不利的评论，并至少回复三条评论。

最后需要强调的是，短视频运营是一个环环相扣的过程，我们需要在每一个可控的环节做到最好，剩下的就交给平台和用户去检验。

自救：电视媒体的生存突围

三、拆解爆款，化为己用

要想打造爆款，我们可以采取"以爆制爆"的策略，通过改编和优化已经获得市场认可的内容来实现这一目标。原创虽然很有价值，但成本高且创意难以持续，因此找到已经火爆且经得起市场验证的内容并加入自己的想法进行优化和超越，是最快且最简单的方法（图10-3为爆款视频拆解图解）。

很多人尝试模仿爆款视频，但往往只能复制其表面而无法抓住精髓。我们要做的不是抄袭，而是要超越。

图 10-3 爆款视频拆解框架

首先，我们需要通过考古加数据的方式找到对标账号并搜集素材。先搭建一个爆款视频储备资源库，这个资源库需要对于爆款视频的不同的维度打上标签，维度可以包含从赛道、视频时长、视频内容、爆款等级、适配账号等，这么做也是为了积累爆款视频资源，沉淀内容资产。

一般来说，点赞数在 50 万以下但转发和评论数量较多的视频往往是比较优质的选择。

我们在了解了赛道热门的视频内容之后，要懂得如何拆解精华，总结爆款视频的脚本逻辑，沉淀方法论，融入自己的爆款短视频创作。爆款视频拆解的主要应用方向是为视频脚本逻辑思路、拍摄剪辑方向赋能，拆解的框架包括视频数据（如评赞数据）、主要内容概括、视频总览及视频拆解，梳理爆款视频的脚本逻辑、拍摄手法等。

举例

@ 王小骞 抖音账号发布的《给孩子买玩具，一定要注意这个信息！孩子的安全，务必谨慎》。下面，我们将按照视频的节奏，进行视频总览、和视频拆解。

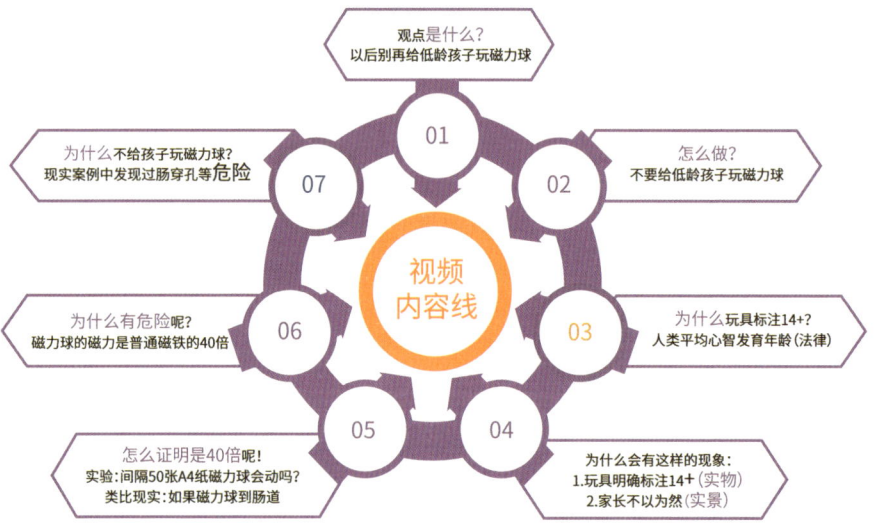

自救：电视媒体的生存突围

四、结合热点，借势营销

热点的话题及新闻事件的搜集主要通过抖音、小红书、微博、B 站等各平台的热搜榜，每天早中晚搜集三次，我们找的热点内容一定是和账号定位息息相关、高关联度的，立足在账号主要赛道的基础上。可以结合特殊的节日热点，如 5 月 20 日时候，策划"520 甜美穿搭""520 化什么妆表白更容易成功"等相关短视频内容，在 520 开始前两周开始发送。其次要符合用户审美的趋势热点，其实就是清晰你的账号粉丝受众范围，提前做好预判，清楚目标受众的喜好，懂得投其所好，这样更容易获取到更多的目标用户。一定要注意的是确保抓取的新闻热点事件的真实性，不能涉及国家政治政策的新闻热点。

总体来说，爆款短视频既不是灵感的胜利，也不是方法的胜利，而是"综合指数"的胜利。打造爆款不能全靠灵感，而是要找到规律和模板。光靠 DOU+ 投不出爆款视频，优质内容才能打造爆款视频。

机构宝典 | 账号商业化效率测算逻辑

坐拥流量的新媒体公司尝试各种变现方式进行账号变现，账号的流量等于金钱，那么评估账号的商业化价值，也就是评估"钱景"，就成为了一项至关重要的工作。

不同形态的账号产品，所制造的流量规模与质量有很大不同，这造成了商业化效率的差异。加之公司对可持续发展及用户体验的诉求，在合理提升广告收益的同时，流量多元化变现就成了很多公司的探索和选择。

MCN 规模不断扩大的同时，旗下账号矩阵从百万量级到亿次，要对机构账号整体商业化有更清晰的认知，必须要有一套规范、标准的商业化测算公式。

基于芒果 MCN 过往商业化测算经验，给到大家一个评估方法，归纳成账号变现率、流量变现率、内容变现率三种账号的变现效率计算公式。不保证完全匹配所有公司的每个账号，但希望能给大家带来一些启发。

自救：电视媒体的生存突围

一、账号变现率

账号变现率 = 商业变现账号 / 运营账号总数，账号变现率关注公司是否构建了一个"发布优质内容 – 涨粉 – 变现"的良性循环业务模型。

长期跟踪记录留存账号变现率统计数据，如某段时间内账号变现率明显处于递增趋势，说明该阶段运营的高商业化价值账号数量增多，一般数值达到20%，说明变现效率向好。如果账号变现率出现持续下滑趋势，即低于20%，说明旗下大部分账号不具备变现价值，那机构就要提高警惕，这种形势对机构长期发展是很危险的。

账号变现率越高，说明机构可变现账号数量越多。比如芒果MCN截至2023年9月15日，正常运营账号412个，变现账号138个，账号变现率40%。2022年8月第一次测算时，实际运营账号752个，变现账号189个，账号变现率为25%。可以看到，过去一年中我们在不断迭代优化账号，对正常运营账号数进行精简，账号变现率较去年同期增长15%。

二、流量变现率

流量变现率 = 商单视频播量 / 机构总播量，流量变现率关注变现产品流量的质量，受众用户欢迎度。

流量质量正向影响变现效率的逻辑是：通过精准定义流量画像，并不断优化变现产品实现更好商业化。

流量诚可贵，变现效率价更高。什么因素决定了一个机构能做到多少量级的广告？账号粉丝矩阵是一个重要因素，但还远远不够。以我们机构为例，7月我们抖音平台正常运营账号粉丝总量1.4亿，月播量有30.15亿，商单视频播量1.26亿，流量变现率4.17%，事实上，**流量变现率越高，说明机构商业流量池越大**。变现效率是决定机构收入规模的另一个重要因素。影响幅度甚至比账号粉丝矩阵差距要更大。不同赛道的变现效率的差距，体现在其账号流量和广告单价上。根据我们的估算，账号变现率在10%以上，才处于变现效率比较好的状态。若低于10%，说明机构流量变现效率还有持续优化空间。

变现要懂流量本身，提供满足用户需求，且吻合流量特征的变现产品，才能够实现高效率变现。

三、内容变现率

内容变现率 = 商单视频数 / 所有机构视频数，内容变现率关注变现产品能否实现高效率供给价值。

如果说做大账号流量池、提升转化效率考验机构宏观层面的调整，那么打造账号长期变现能力涉及的就是微观层面。

一个机构的经营，需要流量，需要考虑 ROI（投入产出比），内容的最终归宿就是流量、涨粉、转化等具体的数据。区别于以往发布日常视频，业务侧以发布短视频广告推动经营增长，依托于账号在平台沉淀的内容、粉丝和人群资产，通过组合投放，进而保障客户在整体 ROI 目标的达成。

内容变现率越高，说明机构账号发布商单内容多。机构只有不断提升其自身经营能力，优化其投放模型，使得营销效果不断提升，才能被更多的品牌客户看到并选择，机构或许无法帮助每一位品牌主建立长效机制，却可以用技术的手段，寻找更多确定性的抓手，通过技术迭代，提升转化效率；通过盘活内部流量循环，为广告主的增长铺路。

四、总结

从价值评估的角度看商业化变现率，在于数量和质量的结合。三个测算公式的运用，不仅是为了帮助机构及时把控账号及其内容流量的变现情况，而且数据经过一段时间的积累沉淀后，可以更清晰地认知到每个赛道的商业发展路径，哪些赛道变现效率更高，帮助业务侧及时调整重点发力赛道，持续优化内容形式，不断提升流量的商业化效率。

在商业化实践中，不同的变现目标所侧重的评估维度各有不同，且个别维度还可以优化为更精准的评估指标。如可利用大数据进行新业务产品的研发催化，数据效率成为了更精准的评估指标。整体来看，通过系统化评估，我们可以更完整的看待一项新业务的综合变现价值，以及预测一些容易忽略的变现风险。谋求让流量产品突破单一的广告变现，形成多元化的变现组合，提升变现效率与整体收益。当然很可能有一些账号最终会失活，甚至在一些残酷的竞争环境中，这种几率十有八九，但正是这些探索支撑了公司的创新发展，也是增长的原动力。

流量见顶时代，"看长做短"已经成为常态，短视频账号商业生态需要遵循增长的逻辑，向着更精准、更细颗粒度、更高效的方向发展，在流量存量中寻找商业增量，在增量中寻找更高效的方式，并建立长效机制，推动整个商业生态向前进化。

postscript
后记

无疑是幸运的。五年的时间，适逢短视频爆发，拥有了一个从零开始的创业机会，和一帮志同道合的小伙伴写下属于自己的故事，这种完整性又偶然地以书的方式做了沉淀。

晓华是这本书的主理人，她说这是我们这些仍在相信的人留给自己的坚强。

学了很多营销方法论，但最终决定不在书这件事上去迎合商业性的需求，真实暴露自己，好过因修饰设计而误导他人。特别感谢湖南科学技术出版社的潘社和瑶瑶编辑，他们并没有给我们谋财害命的压力，充分尊重了我们悲欢自渡。

这些年来有许多广电的同行来长沙和我们交流，期间由于各种原因导致招待不周，输出语焉不详，这本书的内容或许能做些弥补。在这里特别要致敬不甘被时代抛弃的他们，也是曾经和现在的我们！正因为有这样一群可以特殊共情的人，这本书才略微有了些存在的意思。

说一千道一万，没有湖南广电这个大平台，没有马栏山干事创业的氛围，就没有所谓的芒果 MCN。就我个人而言，必须感谢张华立先生，这本书出版时他刚刚卸下湖南广电掌门人的职位。他的理念全面影响着我的专业养成，指引着我在市场中去做正确的事。正因如此，使得我有足够的安全感去保持纯粹的心态，充满活力地去对抗必然而来的质疑和否定！湖南广电对于"异类"的包容一直是我们幸福的资本，我们引以为傲的奋斗过程，在于一直享有着极大的空间来坚持自行其是！

本书好在只是一些以书为名的留痕材料，也就犯不着装模作样地照顾周全。所以，真实的感受就一句话：真没想到这本书居然能如期面世，我觉得很好很圆满！

从此相忘于江湖！

图书在版编目（CIP）数据

自救：电视媒体的生存突围 / 李志华著. —长沙：
湖南科学技术出版社，2024.4
ISBN 978-7-5710-2681-3

Ⅰ.①自… Ⅱ.①李… Ⅲ.①电子商务 Ⅳ.①F713.36

中国国家版本馆CIP数据核字(2024)第016911号

ZIJIU：DIANSHI MEITI DE SHENGCUN TUWEI
自救：电视媒体的生存突围

著　　者：李志华
出 版 人：潘晓山
责任编辑：李文瑶　刘玥伶　梁　蕾　王舒欣
责任美编：彭怡轩
装帧设计：李　一
出版发行：湖南科学技术出版社
社　　址：长沙市芙蓉中路一段416号泊富国际金融中心
网　　址：http://www.hnstp.com
湖南科学技术出版社天猫旗舰店网址：
　　　　　http://hnkjcbs.tmall.com
邮购联系：0731-84375808
印　　刷：长沙超峰印刷有限公司
厂　　址：宁乡市金州新区泉洲北路100号
邮　　编：410600
版　　次：2024年4月第1版
印　　次：2024年4月第1次印刷
开　　本：710mm×1000mm　1/32
印　　张：9
字　　数：200千字
书　　号：ISBN 978-7-5710-2681-3
定　　价：78.00元